U0804750

民办高校治理现代化研究丛书

民办高校学生权益保障研究

周海涛 钟秉林 / 主编

闫丽雯 / 著

长江出版传媒 | 湖北教育出版社

图书在版编目（CIP）数据

民办高校学生权益保障研究 / 闫丽雯著；周海涛，钟秉林主编．—武汉：湖北教育出版社，2023.12
（民办高校治理现代化研究丛书）
ISBN 978-7-5564-5972-8

Ⅰ．①民… Ⅱ．①闫… ②周… ③钟… Ⅲ．①民办高校—学生权益—研究—中国 Ⅳ．① D922.74
中国国家版本馆 CIP 数据核字 (2024) 第 011533 号

民办高校学生权益保障研究

MINBAN GAOXIAO XUESHENG QUANYIBAOZHANG YANJIU

出品人 方 平
责任编辑 刘 宁　　责任校对 李庆华
封面设计 李 枫　　责任督印 刘牧原

出版发行 长江出版传媒　430070　武汉市雄楚大道 268 号
湖北教育出版社　430070　武汉市雄楚大道 268 号
经　销 新 华 书 店
网　址 http://www.hbedup.com
印　刷 湖北新华印务有限公司
地　址 武汉市硚口区长风路 31 号
开　本 710mm × 1000mm　1/16
印　张 12.75
字　数 163 千字
版　次 2023 年 12 月第 1 版
印　次 2023 年 12 月第 1 次印刷
书　号 ISBN　978-7-5564-5972-8
定　价 48.00 元

高等教育强国建设的文化底蕴（代序）

周海涛

党的二十大明确提出中国式现代化的使命任务，开启了现代化的新篇章。在迈上全面建设社会主义现代化国家新征程、向第二个百年奋斗目标进军的关键时刻，优先建设高等教育强国，以高等教育现代化支撑国家现代化，是中国式现代化的题中之义。在世界高等教育的发展史上，现代化对一个国家高等教育改革发展有决定性作用。我国是后发国家，建设高等教育强国，要全面贯彻党的教育方针，落实立德树人根本任务，既要借鉴各国高等教育现代化的共性，更要彰显基于我国国情的特性，尤其要同中华优秀传统文化相结合，凸显独有的文化底蕴，创造高等教育现代化的新形态。

“有教无类”。高等教育支撑全体人民共同富裕的现代化，凸显着我国历史“立己达人”的文化传统，摆脱了西方现代化带来的发达国家与发展中国家之间以及国家内部的贫富差距局限。推进高等教育强国建设，传承我国古代的思想家教育家孔子“有教无类”思想，超越近代一些西方国家确定人人受教育机会平等的做法，既保障平等的受高等教育的机会和条件，也确保人人平等的受高等教育的权利和义务，并努力促进高等教育效果的相对均等。持续推进高考招生改革，完善高校管理和教育评价体系，全方位推进高等教育的起点公平、过程公平和结果公平。着力造就拔尖创新人才，努力培养造就更多大师、战略科学家、一流科技领军人才和创新团队、青年科技人才、卓越工程师、大国工匠、高技能人才。

“德才兼备”。高等教育支撑物质文明和精神文明相协调的现代化，凸显着我国历史“安身立命”“富而好礼”的文化底色，摆脱了西方现代化带来的知识与信仰之间的巨大矛盾及其引起的信仰道德危机。推进高等教育强国建设，传承我国教育史上培养“德才兼备”“君子”的思想，超越西方国家一些高校偏重科学教育抑或偏重人文教育的做法，培养德智体美劳全面发展的社会主义建设者和接班人。坚持为党育人、为国育才，全面提高人才自主培养质量，引导大学生爱党报国、敬业奉献、服务人民。引导大学生认真学习和了解祖国的历史尤其是近代以来的历史，从中华民族站起来、富起来、强起来的历史进程中认清中国共产党和中国人民选择中国特色社会主义道路的历史必然性，探究人民在这一进程中所形成的强烈的民族自尊心、自豪感。自觉将自己的人生理想、职业理想同共产主义远大理想和中国特色社会主义共同理想统一起来，在服务人民、奉献祖国、实现中华民族伟大复兴中国梦的历史实践中实现自我价值，用实际行动践行“四个自信”。

“中和位育”。高等教育支撑人与自然和谐共生的现代化，凸显着我国历史“天人合一”的文化传统，摆脱了西方现代化在经济高速发展中对自然的巨大破坏的瓶颈。推进高等教育强国建设，传承我国儒家经典《中庸》的“致中和，天地位焉，万物育焉”以及“安其所”“遂其生”的理念——即“中和位育”思想，超越西方国家高等教育教学中一些绝对化、碎片化、极端化的做法，提供与良好的生态环境和社会持续发展相适应的高等教育正能量。确立“创新、协调、绿色、开放、共享”的新发展理念和人与自然和谐共处的基本方略，统筹职业教育、高等教育、继续教育协同创新，加强人才自主培养、科研自立自强、学科队伍建设的创新，持续协调高等教育的区域布局、结构比例和供需匹配度，强化自身内涵式发展和生态文明教育与实践的正向循环，把握国内国际两个大局、建设中国特色世界一流的高等教育体系，坚持人民至上的根本要求，彰显共建共享、提供惠及全民的优质教育服务，进一步优化高等教育内外生态环境。

“美美与共”。高等教育支撑走和平发展道路的现代化，凸显着中国历史“天下一家”的文化传统，摆脱了过去西方依靠战争、扩张实现现代化的老路。推进高等教育强国建设，传承我国数千年的历史实践中创造和延续的“天下”情怀，儒家的“大道之行，天下为公”的理想、法家的“以天下之财，利天下之人”的主张以及道家的“天下大同”“以和为美”的境界，古人一以贯之的“美美与共”文化逻辑，超越了西方一些国家高等教育领域的西方至上、其他国家高校低人一等的价值观以及设置“小院高墙”的做法，以更加包容和开放的心态来共建高等教育共同体。探索并发挥世界高等教育现代化进程中每一种模式的重要角色，发挥独特的作用，努力将古老的中华文明在新时代通过创造性转化和创新性发展在高等教育领域得到继承和弘扬，也与世界各国高等院校交流互鉴、交融合作，处理好古今中外的辩证关系，做出承载全人类共同价值的高等教育贡献。

（作者系北京师范大学教育学部教授）

目　录

绪　论 …………………………………………………………………… **1**

第一节　民办高校学生权益研究背景 ………………………………… 3

第二节　民办高校学生权益保障概述 ………………………………… 9

第三节　研究框架与设想 ……………………………………………… 21

第一章　学生权益保障的理论基础与方法探析 ……………………… **25**

第一节　理论基础 ……………………………………………………… 27

第二节　研究方法 ……………………………………………………… 36

第三节　研究结果 ……………………………………………………… 49

第二章　奖励资助权益保障分析 ……………………………………… **61**

第一节　奖励资助权益保障的诉求 …………………………………… 63

第二节　奖励资助权益保障的现状和成因 …………………………… 66

第三节　奖励资助权益保障的优化路径 ……………………………… 75

第三章　福利优待权益保障分析 ……………………………………… **83**

第一节　福利优待权益保障的认知 …………………………………… 85

第二节　福利优待权益保障的现状和成因 …………………………… 87

第三节 福利优待权益保障的优化路径 …… 93
第四章 学业就业权益保障分析 …… 99
第一节 学业就业权益保障的期待 …… 101
第二节 学业就业权益保障的现状和成因 …… 104
第三节 学业就业权益保障的优化路径 …… 114
第五章 参与管理权益保障分析 …… 123
第一节 参与管理权益保障的共识 …… 125
第二节 参与管理权益保障的现状和成因 …… 128
第三节 参与管理权益保障的优化路径 …… 137
结 语 …… 143
一、研究反思 …… 145
二、研究创新 …… 147
三、研究局限 …… 148
四、未来展望 …… 148
参考文献 …… 151
附 录 …… 169
附录 1 民办高校学生权益保障理论模型函询表（一） …… 171
附录 2 民办高校学生权益保障理论模型函询表（二） …… 178
附录 3 民办高校学生权益保障状况调查问卷 …… 183
后 记 …… 187

绪 论

保障民办高校学生权益是落实依法治教、促进高等教育公平、贯彻以生为本教育理念的时代要求，有助于进一步拓展高等教育公平的外延，形成公办、民办高校学生同步发展的格局。面对学界和业界对民办高校学生权益保障认识不一，国内外相关研究系统性不强、实证方法应用不足、理论视角有待丰富等现状，系统探究民办高校学生权益保障议题，既能从理论上探索民办高校学生权益保障的理论分析框架，拓展高等教育公平研究视域，也能为保障民办高校学生合法权益提供针对性建议，确保民办高校学生获得与同级同类公办高校学生同等的待遇。基于承认理论和服务公平理论，本书将依次探究民办高校学生权益的内涵特性与结构要素、保障现状与影响因素，提出保障民办高校学生权益的优化路径。

第一节　民办高校学生权益研究背景

一、保障民办高校学生权益是依法治教的法理要求

保障民办高校学生权益是新修订的《中华人民共和国民办教育促进法》（以下简称新《民促法》）及其配套政策的重要关切。2017 年 9 月 1 日开始施行的新《民促法》，重申民办学校受教育者享有与同级同类公办学校受教育者同等的法律地位，进一步明确民办学校学生在升学、就业、社会优待以及参加先进评选等方面的同等权利，体现出民办高校学生在大学生群体中的合法地位。2021 年，国务院颁布修订后的《中华人民共和国民办教育促进法实施条例》（以下简称《实施条例》），要求各级人民政府应保障民办学校的受教育者在升学、就业、社会优待、参加先进评选，以及获得助学贷款、奖助学金等国家资助方面，享有与同级同类公办学校的受教育者同等的权利。

2017 年 1 月推行的《国务院关于鼓励社会力量兴办教育 促进民办教育健康发展的若干意见》（以下简称《若干意见》）强调落实学生同等资助政策，要求各级政府建立健全民办学校助学贷款业务扶持制度，鼓励民办学校建立健全奖助学金评定、发放等管理机制，确保学生奖助学金占学费收入不低于 5%，以保障民办学校学生同等享受助学贷款、奖助学金等国家资助政策。

2017 年 7 月 7 日，教育部等十四部门印发《中央有关部门贯彻实施〈国务院关于鼓励社会力量兴办教育 促进民办教育健康发展的若干意见〉任务分工方案》（以下简称《任务分工方案》）的通知，第 29 条强调“民办学校学生在评奖评优、升学就业、社会优待、医疗保险等方面与同级同类公办学校学生享有同等权利，依法落实民办学校师生对学校办学管理的知情权益、参与权”。2019 年 3 月 27 日，教育部办公厅印发《民办教育工作部际联席会议 2019 年工作要点》的通知，强调“完善各项扶持政策”“切实保障学生合法权益”，对民办高校学生权益保障工作提出了更细的要求。

保障民办高校学生权益亦是高等教育法律法规的内在要求。2017 年 2 月 4 日，修订版的《普通高等学校学生管理规定》（以下简称新《管理规定》）明确把“保障学生合法权益”作为立法目的之一，将“保护学生身心健康”改为“维护学生合法权益”，更加契合了“权利本位”的法治精神，丰富和完善了高校学生权利体系。2017 年 3 月，财政部等四部门颁布的《关于进一步落实高等教育学生资助政策的通知》（以下简称《学生资助政策通知》）重申民办高校学生与公办高校学生按规定同等享受国家资助政策，力争做到公办民办全覆盖。实际上，民办高校学生与公办高校学生并无法律地位、实际待遇等方面的差异，二者都属于大学生群体，理应同等享受法定权利，获得公平公正的待遇。因此，能否切实保障民办高校学生合法权益，成为检验依法治教效果的重要标尺。

二、保障民办高校学生权益是实现高等教育公平的价值诉求

现代高等教育的重要任务之一是让每个学生受到公正待遇，最终实现社会正义。正如伯顿·克拉克（Burton Clark）所说，高等教育社会正义的首要关照对象是学生，然后是教职员工、单位和部门。就学生而言，正义不仅意味着入学机会平等，而且意味着就读待遇平等、学习成绩与奖励标准公正等教育全过程的平等。高等教育系统的正义标准一旦确定，同等法律地位的学生便应获得同等待遇，得到价值相当的支持与肯定。

据不完全统计，民办高校学费一般在 1.5 万元 / 学年以上，有的院校和热门专业学费高达 3 万元 / 学年，学生易产生“教育消费者”的观念，对学校的硬件设施和学校的服务质量期望较高，认为学校应提供与学费相匹配的学习生活服务。受民办高校的发展历史不长、内涵建设水平相对不高等因素影响，一些民办高校的基本教学条件与高额学费不匹配，学生的心理落差较为明显，[①] 不少学生甚至出现自我身份认同混乱。访谈发现，民办高校学生常用公办高校学生的待遇评价自身的学习生活，如“民办高校和同类公办高校的师资力量、学习资源没有太大差异”；“我们也能用学校的公共设施，跟公办高校差不多”等，但笔者明显感觉到学生话语中蕴含的横向相比之意，亟须深入探究民办高校学生权益的保障情况，给予民办高校学生同等的身份承认，构建更加公平而有质量的高等教育格局。

三、保障民办高校学生权益是民办高校学生的内生诉求

在十几次民办高校实地调研中，笔者走访了全国多所不同类型的民办高校（普通民办高校、民办高等职业学校、独立学院等），加深了对民办高校学生群体的认知。随着实地观察、个别访谈、集体座谈的增多，笔者了解到

① 周海涛等．中国教育改革开放 40 年：民办教育卷 [M]. 北京：北京师范大学出版社 ,2019:224.

不少民办高校学生权益保障不力、权益救济机制缺失的案例。学界和业界对民办高校学生权益保障现状认识不一，不少教育行政部门管理者认为“民办高校学生基本能获得与当地同级同类公办高校学生一样的权益”，一些民办教育研究领域的学者则指出“民办高校的发展水平总体不高、办学不规范、学生权益受到侵害等问题突出”。在与部分民办高校学生的深入交谈中，笔者发现两个突出现象：一是部分学生的权益意识不强，不了解自身享有的合法权益，未意识到自身权益受损的既定事实，面对权益受损事实，不少学生采取抱怨等被动应对方式；二是民办高校学生的心理落差感和失衡感明显，时常有意回避“民办高校学生”的身份，又不得不面对“公办高校学生更受认可”的现实，自我身份认同出现一定混乱。这不禁激发了笔者的思考：法律明确规定民办高校学生享有与同级同类公办高校学生同等的权益，这些权益具体包括哪些？民办高校学生权益的保障情况如何？影响因素有哪些？这些问题驱使笔者借助实证调查和理论分析，认真剖析民办高校学生权益保障的现状及成因，探寻民办高校学生权益保障的优化路径。

四、民办高校学生权益保障研究能拓展高等教育公平的研究视域

亚里士多德强调，分配正义在于使人各得其所、各得所应得，既给相同的人相同待遇，又给不同的人不同待遇。[①] 国内有学者强调：“不以同等对待为前提的区别对待是不公平的，对区别对待制度下的处境不利者尤其不公平。如果说区别对待是对同等对待所造成的不公平的一种救济，那么优待处境最不利者又是对区别对待造成的不公平的一种救济。”[②] 联合国教科文组织（UNESCO）《教育 2030：面向全纳、质量公平教育和全民终身学习的声明和行动框架》也要求各国更加公平地分配资金，为每个人（尤其是弱势群体）提

---

① PETERS R S. Ethics and Education[M].London: George Allen & Unwin Ltd,1966:137-141.

② 黄向阳 . 公平之道的探索：以排座位为例 [J]. 全球教育展望 ,2017(4):109-117.

供平等、均衡、优质的教育。

作为教育资源分配的基本原则，“公平对待”越发得到学界和业界认同，以教育公平为主题的研究热度和广度也趋于上升。有学者对21世纪初十年间的教育公平研究进行文献计量学分析，发现“教育公平”这一关键词出现的频率最高，“高等教育公平”一词位居第三，且显著高于“基础教育”“义务教育”“职业教育”的标引次数，表明高等教育公平问题的重要性；相关研究的学科视角多样，其中教育学视角下的教育公平研究占一半以上，其次是社会学视角，法学、经济学、政治学、历史学研究不足；从研究方法上看，九成以上的研究是经验和理论研究，实证研究成果所占的比例最少。① 在高等教育公平研究中，研究对象主要以公办高等教育为主，专门的民办高校学生权益研究相对不足。因此，探究民办高校学生权益保障问题，能从研究对象、研究视角等层面拓展高等教育公平研究的视域。

五、民办高校学生权益保障研究能为学生权益保障提供可行建议

最近的全国教育事业统计公报显示：2022年，我国民办高校有764所，占全国高校总数的比例为25.36%；民办普通、职业本专科在校生数924.89万人，占全国普通、职业本专科在校生的比例为25.27%。民办高校学生日益成为我国高等教育规模扩大的重要力量，民办高校学生权益的保障情况攸关高等教育的立德树人质量。

民办高校学生权益保障的法律规定由来已久，新《民促法》及其配套政策亦重申了民办高校学生的同等法律地位，细化了民办高校学生同等资助政策，有力推动了民办高校学生权益保障的制度化进程，搭建起民办高校学生权益保障的顶层设计。保障民办高校学生合法权益是贯彻落实分类管理改革

① 胡洪彬.我国教育公平研究的回顾与展望：基于2002—2012年CNKI期刊数据的分析[J].教育研究,2014(1):54-59.

的重要实践议题，更是坚持以生为本办学理念、落实学生权利本位的必然要求。初步调研得知，民办高校学生权益保障问题尚未引起政府、社会、民办高校等主体的足够重视，有的教育行政部门人员甚至未将民办高校学生权益保障当作民办教育分类管理改革的重点议题。对民办高校学生权益保障水平的多维探析，将利于分析影响民办高校学生权益保障的深层根源，匡正利益相关方对民办高校学生的非合理认知，探索优化民办高校学生权益保障的可行路径。

六、为形成公办、民办高校学生同步发展格局提供参考

进入新时代，我国高等教育的发展不平衡，不仅表现为高等教育系统内部的布局、层次、结构等要素不平衡，也表现为公办、民办高等教育结构的失衡。民办高校与公办高校的地位高低有别，民办高校学生与公办高校学生待遇不一，导致民办高校学生发展不同步等问题。学生权利保障的法律问题，不仅涉及已为国家“硬法”或校内“软法”确认的实有权利，还包括即将或可能被纳入国家“硬法”或校内“软法”体系的可期待权利。在国家教育行政法律体系框架内，学生永远是法律保障的重要相对一方，国家“硬法”与校内“软法”已为高校学生编织了较为缜密的权利体系，而在实然层面上，民办高校学生权利却遭受不同程度的侵害。[1]

在国家支持和规范民办教育发展的背景下，需努力走出“公共财政优先保证公办高等教育发展需求”的路径依赖，破解利益主体对民办高校学生的“承认不足”困境，自觉践行以生为本的教育理念，真正想学生所想，急学生所急，切实保障所有高校学生的合法权益。探讨民办高校学生权益保障问题，不仅能从整体上把握我国民办高校学生权益保障的情况，更能从客观的

---

① 湛中乐．学生权利及其法律保障[M]．北京：中国法制出版社，2017:1-5.

数据挖掘和深入的访谈中，探寻制约民办高等教育改革发展的瓶颈，提出建设性、针对性、可操作性的优化路径，助力形成公办、民办高校学生同步发展的良好格局。

第二节　民办高校学生权益保障概述

近十年来，国内民办高校学生权益研究主要包括奖励资助、自主学习、学生就业、创新创业、参与管理 5 个方面，重点关注各项权益的保障现状、突出问题和对策建议。

一、奖励资助权益研究

（一）现状与问题

无论是新《民促法》及配套政策，还是新修订的《中华人民共和国高等教育法》《普通高等学校学生管理规定》等高等教育法律法规，都释放出“民办高校学生应按规定享受助学贷款、奖助学金等同等资助政策”的政策信号，《学生资助政策通知》更对各地提出了新要求，要求各地建立健全民办高校助学贷款业务扶持制度，提高家庭经济困难学生获得资助的比例，协力构建公办、民办全覆盖的资助体系。这些要求的落实将充分彰显公共财政的公共性和民办高等教育的公益性。

当前，我国民办高校学生的资助体系尚不完备，同等资助政策仍未落地。从国家近年来发布的高校学生奖助政策来看，这些政策主要面向普通公办高校学生，民办高校的“奖、贷、勤、助、免”资助体系尚不完备，且与公办高校存在较大距离。有调查发现，上海民办高校学生资助存在以下四个问题：（1）学生资助缺口较大、资助额度和力度不强；（2）资助体系有待完善、奖助学金申请通过率不高；（3）学生资助工作机制有待健全、学生资助人员流动性大；（4）贫困生认定工作难度较大、缺少切实可行的量化标准。[①] 此外，民办高校学生贫困生资助尚存在贫困生认定方式不够科学、贫困生资助标准不统一、有偿资助与无偿资助结构比例不合理、贫困生思想政治教育有待加强等突出问题，[②] 反映出民办高校学生资助政策在遵循公共财政运行规则方面的不足，亟须坚持以学生为中心，创新学生资助形式，让民办高校学生真正受益。[③]

已有调查研究发现，我国民办高校学生资助普遍存在资助体系不健全、资助力度有待增强、奖助覆盖面有待加大等问题。有调查发现，2008 年和 2009 年，上海建桥学院申请到国家助学贷款的学生占贫困生总数的比例分别仅为 30.6% 和 32.6%。[④] 从广东省两所民办高校和两所公办高校的学生资助数据看，民办高校学生的生均奖助学金金额明显低于公办高校，民办高校学生助学贷款的可得性亦明显低于公办高校，无法有力缓解民办高校学生学费水平较高、就业压力较大的现实状况。[⑤] 此外，现有民办高校学生资助体系主要关注家庭经济困难学生“资助”，较少关注民办高校学生的“奖励”，且以单一的经济资助为主，人文关怀和精神资助不够，资助的育人功能有待体现，资助力度和覆盖范围有待加强。[⑥] 实际上，受民办高校成立时间较短、师资力量相对薄弱、内部治理机制尚不完善等因素制约，民办高校的精准资助工作面临重重阻力，贫困认定工作的精确度不够，专业的资助管理服务人员不

---

① 谢平华．上海市民办高校学生资助政策存在问题研究 [J]. 今日中国论坛，2013(12):140-141.
② 王翠英．民办高校学生资助政策执行中的几点思考 [J]. 求知导刊，2016(1):62-63.
③ 黄洪兰．民办高校学生资助政策研究：基于公共财政运行规则的视角 [J]. 教育发展研究，2012(11):29-33.
④ 沈树永．浅谈沪上民办高校国家助学贷款政策 [J]. 哈尔滨学院学报，2010(12):100-102.
⑤ 陈智旭，毕振力，范颖茵．民办高校学生资助研究：基于与公办高校的对比 [J]. 现代教育管理，2014(6):119-124.
⑥ 张东梅．民办高校贫困生资助问题与对策研究 [D]. 合肥：安徽大学，2015.

足，难以有效服务于学生身心发展。①

（二）对策建议

已有研究主要从转变工作思路、坚持公平奖助原则和创新资助方式三个方面，探索保障民办高校学生资助权益的可行路径。

资助工作思路的科学性直接决定民办高校学生资助工作的实效。第一，立足应用型院校的办学定位，及时转变学生奖助工作思路，逐步探索和构建资助育人的学生资助模式，以家庭经济困难学生的实际需求为着力点，以全面提升学生能力为目标，构建发展性的学生资助体系。②第二，教育行政主管部门及时转变奖、助学金分配的工作观念，破除“区别对待”的奖、助学金分配思路，以学生数量而非高校属性分配奖、助学金额度；督促民办高校提取一定比例的办学经费用于贫困生资助，提升民办高校贫困生资助的力度与强度；在现有政策框架内，给予民办高校学生特别学费资助，逐步减少甚至消除公办、民办高校的学费差距。③

坚持公平资助原则，是民办高等教育的公益属性、公共财政的公共性的必然要求。黄洪兰提出，公正性理应成为民办高校学生生均补助、奖、助学金和助学贷款的基本遵循，必须让学生真正受惠，最大限度地保障学生利益。建议充分调动政府、学校、社会、学生积极性，切实探索彰显地方和学校特色的资助手段，加强民办高校服务地方经济社会发展的能力，例如可设立学生志愿服务“公益奖”“育成奖”，为地方输送特殊人才，通过多样化的扶持手段引领民办高校健康可持续发展，引导学生感恩社会、回馈社会，让学生更好更快地成长成才。

创新资助方式是优化民办高校学生资助工作的必然选择。第一，加大政府

---

① 毛拓艺，林春梅．民办高校精准资助对策研究 [J]. 教育教学论坛，2016(46):59-60.

② 陈清，束燕．提高民办高校学生资助效率的新视角：发展性资助 [J]. 洛阳理工学院学报（社会科学版），2015(3):67-71.

③ 陈智旭，毕振力，范颖茵．民办高校学生资助研究：基于与公办高校的对比 [J]. 现代教育管理，2014(6):119-124.

财政支持力度，健全学生资助管理机制。综合采取直接资助和间接资助相结合的资助方式。直接资助即政府直接给民办高校财政、税收、奖补等支持，间接资助方式即建立健全贫困生助学金制度、完善高校学生助学贷款制度等，建立学生诚信和偿还机制，将学生获得奖助与自立自强、知恩感恩结合起来。① 第二，畅通学生贷款渠道，推行政府、学校同担风险补偿金政策。对民办高校一视同仁地实施财政贴息政策，畅通生源地信用助学贷款和国家助学贷款两条渠道，打破学生助学贷款的省域限制，使考入省内省外任何民办高校的学生同等享有财政贴息；扩大地方奖学金的惠及面，切实体现公共财政的公平性。第三，提升精准资助力度，明确贫困生认定标准，保护真正需要资助学生的合法权益。通过强化理想信念教育和诚信教育，以学生座谈、电话联系、实地家访、查阅材料等工作方法，掌握学生家庭经济的真实情况，健全贫困生认定和考核办法。第四，健全资助信息，细化资助措施。制定量化、可操作的贫困生认定办法，建立健全学生资助档案，保证资助管理工作的公开、公正，加强资助管理工作队伍建设，提高管理服务水平，拓展勤工俭学渠道，发掘资助的育人作用。②

二、自主学习权益研究

（一）现状与问题

相关研究主要关注民办高校学生自主学习能力的现状及问题，得出民办高校学生学习积极性相对不高、自主学习意识和能力不强、学习较为被动等结论。雷军莉发现，民办高校学生的学习满意度总体不高，满意度水平略低于重要性水平，学校的学习和教学服务质量有待提升。③ 陕西某民办高校的调查显示，58.8% 的学生认为自己学习积极性一般，仅有 16.3% 的学生认为自己学习积极

① 彭安臣．教育公平与国家对民办高校的资助 [J]. 民办教育研究，2004(4):54-58.

② 毛拓艺，林春梅．民办高校精准资助对策研究 [J]. 教育教学论坛，2016(46):59-60.

③ 雷军莉．民办高校大学生学习满意度调查研究 [J]. 决策探索（下），2018(11):47.

性很高，反映出民办高校学生学习态度的消极倾向。① 有研究表明我国民办高校学生具有独特的学习特点，学生学习的功利心明显、学习态度相对消极被动，以死记硬背的机械式学习方法为主、学习能力的总体水平不高，学习内在动力不足，部分学生不会学习，学习被不同程度地“异化”。② 当然，民办高校学生的学习自主性亦存在群际差异，郝春芸借助大学生自主学习调查量表，发现民办高校学生的学习自主性随年级升高而降低，女生的学习自主性优于男生。③

（二）保障对策研究

提高民办高校学生自主学习能力，须克服认知误区，处理好教与学、教师指导与自主学习的关系。第一，提高教师的专业素养与职业道德素养，培养“双师型”教师。以“爱生”为教师行为准则，建立健全师生常态化沟通交流机制，着力培养学生人际沟通能力和自我调节能力。④ 第二，持续优化专业培养计划和课程体系，促进课程体系由单一向全面的转型。应动态整合课程教学内容，不断增强教学内容的趣味性、系统性和可接受性。第三，进一步加强学风、校风建设，优化学习环境。通过组织知识类活动、奖励学习典型等方式激发学生学习动机，加强学生学习的精神熏陶和行为引导。第四，注重赏识教育，完善学生评价管理体系。⑤ 正确运用表扬、批评、激励等教学技巧，激发学生上进心，增强学生自尊心，提升学生荣辱感。第五，培育科学的学习观，大力提升学生自主学习能力，提高知识理解、应用和转化能力。第六，认清学习策略对学习效果的意义，加强学习策略的指导工作，重视不同学生群体学习策略运用的个性化差异，密切关注环境满意度、学生能力发展水平和学习效能感对学习策略的影响。⑥

---

① 孙英敏，张川 . 浅谈如何提高民办高校学生学习的积极性 [J]. 中国校外教育，2012(16):3+20.

② 权麟春 . 民办高校学生学习能力的现状与对策 [J]. 教育与职业，2013(17):180-182.

③ 郝春芸 . 民办高校学生学习自主性特点研究 [J]. 科技信息，2012(12):50-51+54.

④ 孙英敏，张川 . 浅谈如何提高民办高校学生学习的积极性 [J]. 中国校外教育，2012(16):3+20.

⑤ 权麟春 . 民办高校学生学习能力的现状与对策 [J]. 教育与职业，2013(17):180-182.

⑥ 张墨涵，王纾然 . 民办高校学生学习策略考察 [J]. 国家教育行政学院学报，2016(6):80-87.

三、就业权益研究

（一）现状与问题

民办高校学生的就业情况总体较好，却依然存在就业质量不平衡不充分的问题。第一，学生的主要就业去向是企业。有调查发现，不同于公办高校，广东省 2016 届民办高校毕业生有 94.91% 到企业就业，3.31% 的毕业生到机关、党群及政法等事业单位任职，仅有 1.3% 的毕业生考研。① 上海市 T 学院的毕业生总体就业质量较好，就业质量指数达 85.83%，机械电子专业、汽车服务专业、学前教育、艺术教育就业质量得分较高，就业质量指数达 90% 以上，计算机与科学专业的就业质量总得分最低。② 第二，民办高校学生就业不平衡不充分问题依然突出。民办高校毕业生存在专业理论知识不扎实、专业知识结构不合理、专业知识运用能力较差的专业知识技能“三不强”问题，存在有效实习机会缺失、实践经历缺失、工作意愿缺失的“三缺失”问题，和团队合作能力、沟通协调能力和创新革新能力不强的通用能力“三不强”问题，以及就业信心不足、人际关系处理能力不强、吃苦耐劳精神不足的职场情商“三不足”问题。③

现有研究多采用案例研究法，剖析民办高校的教学实习或就业指导的现状。考察学生对就业指导工作的满意度，发现民办高校的就业指导课偏理论讲解，实际效果不佳。第一，民办高校对就业指导工作的重视程度有待提高，不少民办高校招生就业处成为就业指导课教学工作的直属管理部门，就业指导课与其他专业课程的融合度不够。调查发现，仅 58.2% 的学生对学校开设的就业指导课持“比较认可”的态度。第二，就业指导的师资力量薄弱，缺乏专职的实习教学指导教师，往往由专业课老师、就业指导中心老师、辅导

---

① 陈月．广东省民办高校大学生就业政策执行研究 [D]．广州：华南理工大学，2018.

② 冯子然．民办高校毕业生就业质量评价研究 [D]．上海：上海师范大学，2018.

③ 徐超．我国民办高校大学生就业力提升路径：基于 CareerEDGE 模型的分析 [J]．教育与教学研究，2018(8):15–21+125.

员、学生工作管理人员兼任，无法提供专业的、有效的技能指导，学生就业实习近乎处于“自由无组织”状态；[①]河北省17所独立学院中，仅有31.88%的毕业生对本校就业服务感到满意，33.89%的毕业生表示一般，10.4%的毕业生表示不满意。[②]第三，就业指导内容以理论灌输为主，实践指导不足，就业指导严重依赖课堂教学，实践演练和技能指导不足。第四，学生实习和就业管理机制缺失，缺少对学生实习活动的过程管理，学生实习成绩尚未纳入学分管理，学生实习效果不佳。[③]第五，实习教学环节的时间安排不尽合理，有的学校将实习教学窄化为毕业实习，时间上与学生的毕业设计、考研、就业等事项冲突，学生无暇安心实习。[④]这与民办高校办学体制机制、经费筹措方式、生源质量等因素密切相关。[⑤]

（二）保障对策

民办高校的较高就业率主要得益于“船小好掉头”的灵活办学体制和以市场为导向的就业方略，多数民办高校把就业视为学校发展的生命线，但民办高校学生就业质量相对不高，这主要与以下几个因素有关：第一，大学生就业政策影响学生就业质量，当前我国大学生就业政策存在政策规定模糊、政策执行主体履职不到位、政策执行客体（民办高校）执行偏差、就业政策执行监管机制缺失等问题。[⑥]第二，学生个人特质因素影响学生就业质量，有研究发现，工作动机、专业兴趣、个人特质等因素是影响民办高校学生就业竞争力的主要非智力因素，成就感、自尊心对学生就业竞争力的影响最大，

---

① 冯子然．民办高校毕业生就业质量评价研究[D]．上海：上海师范大学，2018.

② 孙文博．独立学院大学生就业服务研究[D]．北京：北京交通大学，2017.

③ 刘敏．民办高校实习课程教学改革研究：以重庆人文科技学院为例[J]．西南师范大学学报（自然科学版），2018(1):188-192.

④ 韦相晓．民办高校大学生就业指导课教学存在的问题分析及对策[J]．教育与职业，2016(18):92-94.

⑤ 许凤肖，张茜，冯译冉．民办高职院校学生职业指导路径探析[J]．学校党建与思想教育，2016(12):78-80.

⑥ 陈月．广东省民办高校大学生就业政策执行研究[D]．广州：华南理工大学，2018.

专业兴趣和生活需求的影响一般。[①] 第三，民办高校学生素质与岗位需求不够匹配。有研究指出，企业最看重的是学生专业素质和岗位需求的匹配度，但一些民办高校对学生专业知识技能的重视程度较低，难以较好满足企业用人需要。[②] 此外，民办高校学生就业还受到家庭经济实力、学校就业指导能力等因素的影响，如家庭社会经济地位、学校就业指导情况、用人单位需求、网络媒介、学生自身专业、心理和就业竞争力等。[③]

保障民办高校学生就业权益、提升学生就业能力，需做好以下几点工作：第一，摒弃就业歧视观念，公平对待公办、民办高校毕业生。第二，加强反就业歧视法律法规建设，完善民办高校学生权益受损的司法救济制度。第三，优化民办高校人才培养模式，加强学生就业指导服务体系建设，切实培育应用型人才。第四，树立评价意识，建构常态化就业质量评价标准，发挥就业评价的激励和改进功能，形成科学、稳定的就业服务体系。第五，探索构建政府部门、用人单位、民办高校、第三方就业服务机构、毕业生、家长“六位一体”的就业服务模式。第六，学生要树立想学、乐学的理念，自觉投入实践，掌握并拓展学习能力、知识转化能力。

四、创新创业权益研究

（一）现状与问题

不少民办高校在努力构建创新创业教育为导向的人才培养体系，但创新创业尚未成为主流，创新创业教育的生态圈尚未形成，创新创业课程被不同

① 沈逸君，王芳．民办高校学生就业竞争力提升的非智力因素策略[J]. 江苏高教，2015(1):108-110.

② 徐超．我国民办高校大学生就业力提升路径：基于 CareerEDGE 模型的分析[J]. 教育与教学研究，2018(8):15-21+125.

③ 开芳．民办高校毕业生主要就业影响因素的调查与分析[J]. 江苏高教，2014(1):137-138.

程度地边缘化。[①] 调查发现，民办高校尤其是家庭经济困难学生的创业率不高，仅有不到 10% 的学生尝试或正在准备创业，学生的创业意愿和创业行为存在较大距离。[②③] 例如，江西省民办高校的创业硬件投入逐年增加、学生创业规模不断扩大，但与公办高校相比，民办高校的“双创”平台整体质量不高，学生的参与机会不足。调查发现，50% 的样本高校学生有创业意愿，80% 的学生希望得到创新创业指导，但仅有不足 6% 的学生真正参加过创新创业项目。少有学生获省级“2011 协同创新中心”和“311 工程”立项。[④]

（二）保障对策

民办高校创新创业权益保障不足，既与创新创业的外部支持不足有关，更与民办高校学生的创造性倾向和创新能力不足有关。第一，大学生创业政策有待健全，大学生创业存在政策整体性不够、创业资金不足、创业孵化器缺乏等问题。第二，民办高校创业教育仍需加强，专门、系统的创业课程欠缺、专业化的师资力量薄弱、创业大赛流于形式、创业教育模式单一，成为影响民办高校学生创新激情、创新精神和创业能力的关键因素。第三，社会舆论环境给民办高校学生创业带来不少阻碍，家庭资金和舆论支持的不足，不利于民办高校学生的创业行为。第四，我国民办高校学生的创造性倾向水平一般，冒险性、好奇心、想象力、挑战性水平发展不平衡。[⑤]

民办高校需充分发挥自身体制机制灵活、创新创业基因丰富、能够集中力量推动改革的天然优势，主动调整发展战略，抓住机遇、深化改革，早日实现“弯道超车”，还应构建政府、学校、社会三位一体的创新创业支持系统。第一，传承创新创业的历史积淀，凝练创新创业教育的办学思想，正视

---

① 毕会东，陈朝晖．珠三角地区民办高校创新创业教育课程研究 [J]. 继续教育研究，2017(12):25-27.

② 夏丹．民办高校家庭经济困难学生创业问题及对策研究 [J]. 教育理论与实践，2017(3):18-19.

③ 胡春．民办高校大学生创业支持系统的缺失与培育路径 [J]. 继续教育研究，2017(6):25-27.

④ 孙美娇，潘成．江西省民办高校创新创业教育的规范研究 [J]. 职教论坛，2016(14):34-37+45.

⑤ 郭二榕．民办高校学生创造性倾向实证分析 [J]. 高等理科教育，2017(2):59-63+99.

创新创业教育的客观挑战，抓住创新创业教育的难得机遇。第二，珍惜创新创业教育的前期积累，通过通才教育、教学改革和就业指导等方式，深化创新创业教育改革。第三，激发创新创业教育能量积聚，通过创新师资队伍建设、加强就业创业教育、优化实践教学环节、完善人才培养机制、加大帮扶支持力度，为创新创业教育改革注入新活力。①第四，精准开设创新创业课程，优化创新创业培育方式，打造优质师资队伍。通过探索校企合作多元模式、共建协调创新综合体，协力打造民办高校创新创业教育“合作、互利、共生”的生态圈。②

五、参与管理权益研究

（一）现状与问题

从现有的相关文献看，民办高校学生参与管理的机会较少、范围有限、受限过多。与公办高校学生类似，民办高校学生多处于被管理的地位，很难在参与学校管理中发挥主人翁地位。民办高校学生的参与权、监督权、服务评价权难以有效落实，学生权利范围及其法律保障机制有待理顺。学生权利保障机制落后于高校综合改革，学生的参与机会不多、参与层次不高、参与效果不佳、利益表达制度弱化。

同时，多数学生并未充分认识到自身享有的参与管理权，学生参与学校管理的主要动机并非是权益维护，参与管理的渠道与方式较为单一。现有调查研究发现，仅有 65.2% 的学生认为自己享有参与学校管理的权利，71.2% 的学生认为绝大多数情况下学生是“被动”地参与学校管理，18.2% 的学生认为只有学生代表可以参与管理。表明大部分学生习惯于接受管理，而非参

---

① 牛三平．民办高校深化创新创业教育改革探析：以山西工商学院为例 [J]. 教育理论与实践，2016(28):33-35.

② 李储学．民办高校创新创业教育生态圈战略及其构建 [J]. 中国成人教育，2017(23):33-37.

与管理。从学生参与管理的动机来看，多达59.6%的学生认为参与学校管理是为了“锻炼自己”，“维护权益”动机的比重仅有51.2%，可见学生主要是从消费者而非主人翁的视角参与学校管理。

此外，学生参与学校管理的渠道与方式不够匹配，参与管理范围有限，只能参与后勤等非核心部门的管理，无法深层次参与学校战略决策、发展规划等。学生参与学校管理的机构主要是学生代表大会、团员代表大会、学生联合会和院系学生会，但这些机构并未对学生参与学校管理产生实质性影响，也较难起到显著的监督作用；学生参与管理的内容单一、参与质量不高，大多集中在与学生个体日常生活相关的校园文化活动、学习绩点评定、评优评先、宿舍管理、餐厅管理、图书馆管理等方面，在学校政策制定、决策管理、发展规划等核心部门的参与度不够，甚至没有参与权，①②③知情权益是作为消费者的民办高校学生最重要也是最基础的权利，是学生参与学校管理、保护自身利益的前提。但受信息不对称、利益不相容和责任不对等的现实冲突，民办高校学生正当的知情权益受到不同程度的损害。④

（二）保障对策

针对民办高校学生参与管理不足的现状，首先要畅通学生参与学校管理渠道，让学生在任课教师选聘管理、学校后勤服务与收费管理、学生积分评定及奖惩管理、学校校纪校规的制定等方面发挥作用，建立民办高校学生议事委员会，从制度上保证学生参与管理的效果。其次，建立承诺、征询、报告、公示、申诉等制度，打通学生参与学校管理的制度壁垒，让学生监督学校运行，最大限度降低侵害学生利益现象的发生。最后，引入“参与型”学

---

① 洪少春．民办高校学生参与学校行政管理研究[J].长江大学学报（社会科学版），2008(6):313-315.

② 潘丽娜．民办高校参与型学生教育管理探究[J].经济师，2015(1):204-205.

③ 杜红玉，石凤．广西民办高校学生参与学校管理的调查研究[J].才智，2018(5):4-7.

④ 洪春辉．消费者权益保护下民办高校教育消费者知情权研究[J].长春工业大学学报（高教研究版），2012(1):46-48.

生教育工作模式，通过合理授权学生骨干、发挥学生社团积极性、提供参与管理平台等举措，构建学生参与管理的激励、监督、保障机制，提高学生的参与度和主观能动性。①②③

总体而言，近年来民办高校学生权益受到学界关注，学生权益的研究深度不断加大，研究成果不断丰富。同时，国内现有研究主要从加强管理的视角探讨民办高校学生问题，对学生的切身权益问题关注不够；以理论思辨类研究为主，实证调查类研究相对不足，研究方法的适切性有待增强。

第一，学界对高校学生权益的认识不断深化。2006 年《民办高校学生的受教育权法律保护研究》一文，首次从教育法学视角探析了民办高校学生受教育权的法律依据和基本内容，界定了民办高校教育管理权的内涵与特性，分析了学校教育管理权和学生受教育权之间的可能冲突。④2008 年，博士论文《高等教育多元化与学生权益保护》探讨了多元化办学体制对学生权益的负向影响。⑤此后，民办学生权益的研究成果日渐丰富，研究视角逐步涵盖法学、管理学、政策分析等。

第二，现有研究多以加强管理为出发点，较少关注学生权益的保障情况。现有的民办高校研究主要探讨民办高校学生资助、学业、升学、就业、创业的突出问题，分析成因，提出对策研究，相关研究多以学校管理为视角，以提高学生事务管理效率、提升民办高校办学质量等为落脚点，相关研究散见于内部治理和政策研究之中，少有研究以促进学生全面发展为出发点，系统

① 洪少春，黄昆民．基于教育消费维权的民办高校学生参与学校管理权利研究 [J]. 学理论，2009(30):254-256.

② 洪春辉．消费者权益保护下民办高校教育消费者知情权研究 [J]. 长春工业大学学报（高教研究版），2012(1):46-48.

③ 潘丽娜．民办高校参与型学生教育管理探究 [J]. 经济师，2015(1):204-205.

④ 丁兆增．民办高校学生的受教育权法律保护研究 [J]. 牡丹江师范学院学报（哲学社会科学版），2006(6):19-21.

⑤ 吕杰昕．高等教育多元化与学生权益保护 [D]. 上海：华东师范大学，2008.

的民办高校学生权益保障研究少之又少，无法及时回应当前民办高校学生权益保障的现实问题，较难为民办高校学生权益保障问题提供有效借鉴。

第三，思辨研究较多，实证调查研究有待强化。从现有研究看，民办高校学生权益研究主要采用理论思辨、政策分析等研究方法，虽研究者身份不乏民办高校教师和管理者，但就学生权益保障这一议题而言，单一的理论思辨或政策分析方法无法全面获取真实信息，研究结论的可信度与推广度有待商榷。少量研究采用国际比较法介绍了国外大学生的权益维护举措，但相关研究较为零散，且分布在高校学生事务管理和高校内部治理研究之中。这为后续研究留下余地，有利于以现有研究为起点，采用多种实证研究方法，从研究方法和分析框架等方面，进一步拓展民办高校学生权益研究。

第三节　研究框架与设想

针对学界和业界未对民办高校学生权益保障水平达成共识、相关系统研究较少的状况，本研究综合运用德尔斐法、问卷调查法、访谈法等方法，通过构建理论模型、研制调查问卷、开展实证调查，深入剖析民办高校学生权益保障的理性诉求、现状及其深层原因，提出保障民办高校学生权益的优化路径（图 1）。

第一，分析近十年国内相关研究，笔者发现民办高校学生权益保障主要包括奖励资助、自主学习、学生就业、创新创业、参与管理五部分，这为本研究提供了基本的理论分析框架。结合承认理论、服务公平理论等理论，进一步透析出“真正承认民办高校学生主体地位”和“充分彰显高等教育服务公平”的研究逻辑。进而选用德尔斐等方法，建构理论模型，发现民办高校学生权益保障包含奖励资助权益、福利优待权益、学业就业权益和参与管理权益 4 个维度。

奖励资助权益是指民办高校学生能获得的“奖、助、贷、勤、补”等资助待遇，它是民办高校学生权益保障的基本面，最能折射出利益相关方对民办高校学生的承认水平。奖励资助权益包含奖励资助范围权益、奖励资助力度权益和奖励资助结果权益三个二级维度，奖励资助范围权益侧重考察民办高校学生享受到的各级奖、助学金类型和覆盖面，奖励资助力度权益考察奖、助学金的名额和数额大小，奖励资助结果权益考察奖、助学金发放和评选的规范化程度。

福利优待权益，是指民办高校学生能获得的校内外公共福利及优惠政策。学生福利优待权益直接体现社会公共资源的普惠性，最能反映社会对公办、民办高校共同发展的支持度，包括社会福利权益和医疗服务权益两个二级维度，社会福利权益考察学生能否享受新生路费补贴、寒暑假交通优惠、门票优惠等福利，医疗服务权益关注学生医疗服务水平和学生就医需求的保障情况。

学业就业权益，是指民办高校学生能获得的学业、就业及创业资源与服务。学业就业权益是民办高校学生权益保障的重要组成部分，最能体现学生的就读获得感。学业就业权益包括学业发展权益、升学深造权益、就业创业权益三个二级维度，学业发展权益考察学生自主学习诉求的满足程度，升学深造权益考察学业服务与指导的支持力度，就业创业权益考察学生的就业创业参与机会、资金支持力度、政策支持力度、校内指导程度等的保障情况。

参与管理权益，是指民办高校学生能获得的知情、参与及监督权利与相应利益。参与管理权益涉及校内信息公开建设、组织管理系统和内部治理机制，最能体现学生在多主体共建共享中的地位。参与管理权益包含知情权益、参与权益和监督权益三个二级维度，知情权益考察校内信息资源的便捷性、及时性和全面性，参与权益考察学生参与学校内部治理的机会大小和渠道畅通性，监督权益考察学生主体地位的实现程度。

第二，以全国东、中、西部 20 所民办高校 16 305 名学生为研究对象，以经过信效度检验的《民办高校学生权益保障状况调查问卷》为调查工具，借助 SPSS 20.0 统计软件，探析民办高校学生权益保障的总体情况，分析不同人口属性、学科专业背景、课外活动经历、家庭资本的学生权益保障水平的差异性，多角度呈现我国民办高校学生权益保障样貌。

第三，基于定量调查数据，结合访谈结果，分章探析民办高校学生奖励资助权益、福利优待权益、学业就业权益和参与管理权益保障的理性诉求，分析现状及成因，提出保障学生权益的优化路径。

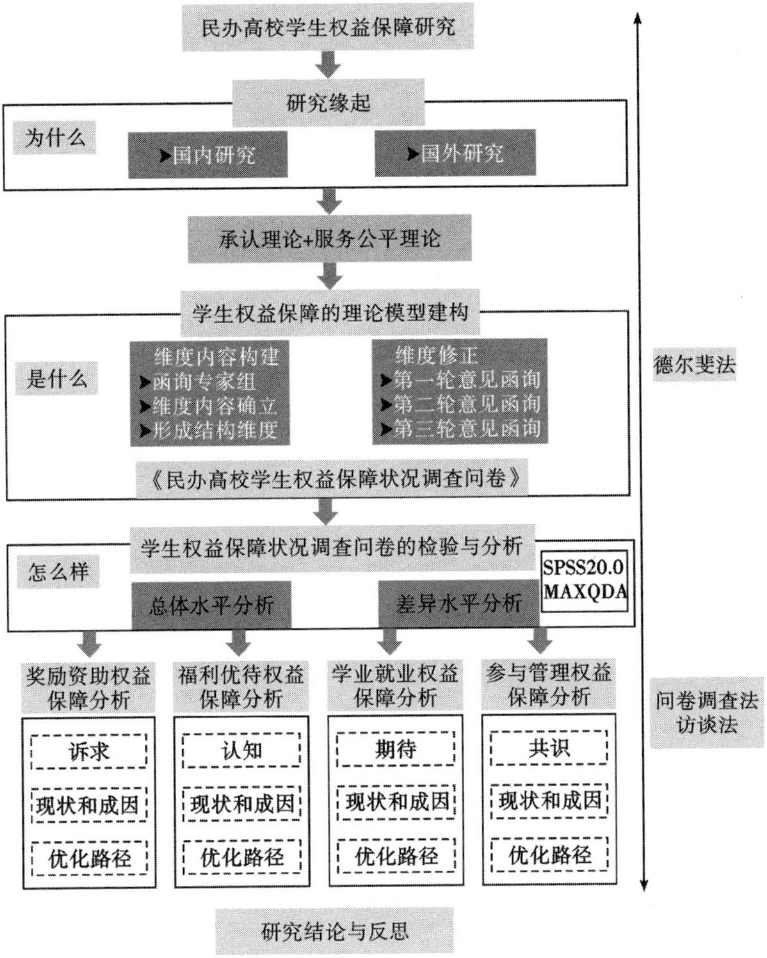

图 1　技术路线图

第一章

学生权益保障的理论基础与方法探析

基于“承认理论”的三种主体承认模式（情感关怀、法律保障和共同体尊重）和“服务公平理论”的四大核心要素（分配公平、程序公平、交互公平和信息公平），本书构建起“真正承认民办高校学生主体地位”和“充分彰显高等教育服务公平”的理论分析框架。

本书主要选用德尔斐法（Delphi Method），通过三轮专家意见函询，建构民办高校学生权益保障的理论模型，并据此编制《民办高校学生权益保障状况调查问卷》，继而通过问卷调查法，对全国东、中、西地区的16 305名民办高校学生开展问卷调查，分析学生权益保障的总体水平和群际差异水平。同时，采用访谈法，对民办高校学生、民办高校学生工作管理人员开展半结构式访谈，佐证民办高校学生权益保障的研究结果，进一步了解民办高校学生权益保障的现状及成因，探究影响学生权益保障的因素。

第一节　理论基础

一、承认理论

（一）理论要点

阿克塞尔·霍耐特（Axel Honneth）认为，一个社会的公正程度主要取决于其社会成员在多大程度上获得了完整的自我认同，这种自我认同须在主体间的承认关系中实现，即自我认同是个体为了在互动中获得同伴承认而进行的主体间斗争过程。他认为，承认不是一个认知事件，而是三种实践态度的合集，分别体现着对对方确定的肯定和认可的基本意图。这三种认可态度分别是爱、权利和团结，以及个体遭遇到的强暴、剥夺权利、侮辱三种“不敬”模式（表1）。需要说明的是，这里的“承认”绝非一种口头表达或象征性表示，而是承认态度的外化——“承认行为”。他认为“只有通过相应的行为方式才能提供可信性或依赖”，因此语言表达或口头承认不能构成承认的全部，通过主体间的行动才能赋予或接受承认，在行动中考察承认态度比单纯通过语言更有意义。[①]

表1　承认模式与蔑视模式内容对比表

承认模式	情感关怀 （爱，友谊）	法律保障 （权利）	共同体尊重 （团结）
蔑视模式	虐待、强暴	剥夺权利	诽谤、伤害

爱（情感关怀）是主要存在于家庭的主体间互动承认关系，是个体相互之间折射出来的共生状态，是逾越距离而获得关怀的情感体验。[②]个体间的相互承认不是“形式的承认”，而是“本质的承认”。“形式的承认”是一种有限承认：承认他者存在，却不承认他者具有与自身同等的权利和尊严，或出于某种功利性关系，暂时性承认对方的存在。而“本质的承认”是一种普遍的承认，主体间是平等关系，具有平等的尊严和权利，因此“本质的承认”直接指向社会正义，有利于社会共同体的进步与发展。[③]

权利（法律保障）是霍耐特提出的第二种承认形式，是一种存在于公民社会主体间相互认可和彼此尊重的关系，它不仅体现为主体自身的权利与义务和道德自决权，以及对法律规范的严格遵守，而且体现为每个主体将自己视为法律制定过程的参与者。霍耐特基于对黑格尔和米德关于“法律”的思考，认为只要自我意识被承认并享受到一定权利，主体就能逐渐获得自尊。这里的自尊是一种“普遍化他者”的承认关系，只有站在普遍化他者的立场，“承认共同体的其他成员也是权利承担者，才能在确信自己的具体要求会得

① 胡云峰．规范的重建：关于霍耐特的承认论 [M]．上海：上海人民出版社， 2015:152.
② 霍耐特．为承认而斗争 [M]．胡继华，译．上海：上海世纪出版集团，2005:124.
③ 李和佳．承认的哲学：霍耐特承认理论研究 [M]．合肥：安徽人民出版社，2010:31.

到满足的意义上把自己理解为法人”。可以说，法律的承认形式很好地体现了主体间权利与义务之间的对等关系。与“法律保障”相对应，“剥夺权利”是主体所遭遇的第二种蔑视形式，它反对各种形式的承认，使个体作为共同体合格成员的资格被取消或限制，无法合法地参与制度秩序，无法合法地期待社会满足自身的要求，不再拥有与其他共同体平等的地位。这种蔑视使个体自身完整性、个体尊严和个体荣誉受挫，是不正义感的主要来源。

团结是将爱的关系之中的情感支持、法律关系之中的认识尊重，上升为主体间交往的价值尊重。每个个体在交往共同体中创造自己价值，尊重他人价值，从而维护自己的价值。[①]可见，霍耐特所强调的“承认”是在尊重现代社会非排他性特质的基本前提下，承认并尊重他者平等自由的权利，保障社会成员的平等身份，实现一种多元间的互相承认关系。

承认理论的着眼点是如何在现有体制内消除反抗的动机（即蔑视），使个体实现自我价值，获得社会和他人的承认，即一个社会的正义程度，与它保护人们实现相互承认的条件和能力成正比。[②]“承认”不仅是一个政治哲学概念，也是一个道德哲学概念，指个体之间、个体与共同体之间、共同体之间在情感、法律和团结方面的相互承认与肯定。“承认存在”意味着个体能在社会系统中立足，成员之间互相包容、认可，基本权益能得到保障，“承认缺失”则表明主体很难在系统中存在，无法获得共同体情感、法律和社会等方面的认可。

（二）对本研究的启示

在情感关怀方面，不少民办高校学生是怀着较强的心理落差感来就读的，民办高校“军事化”管理模式、高额的收费政策等又加剧了学生的低获得感，学生的自主性、独立性受到较大限制。从承认理论看，这其实是情感关怀方

---

① 李和佳．承认的哲学：霍耐特承认理论研究 [M]. 合肥：安徽人民出版社，2010:31.

② 霍耐特，胡大平，陈良斌．承认与正义：多元正义理论纲要 [J]. 学海，2009(3):79-87.

面的“虐待”，作为一种与“情感关怀”相对应的蔑视形式，这种形式具有比“剥夺权利”“诽谤、伤害”更大的破坏性，不仅是对民办高校学生身体的伤害，更会让处于相对弱势地位的民办高校学生产生无助感和幻灭感，加剧民办高校学生的不自信。

在法律保障方面，民办高校学生的权利保障不足，学生权益的法规政策面临严重的执行偏差和政策失真问题。无论是民办教育新法新政，还是高等教育法律法规，都多次重申民办高校学生享有与同级同类公办高校学生同等的权益，形成了民办高校学生权益保障的有效制度供给。而在实践中，不少地方教育行政主管部门尚未深刻认识到“支持与规范民办教育”的政策内涵，依然对民办高校采取“差别化”的财政扶持、税收优惠、土地政策、师生权益保障等措施，导致民办高校学生无法享受法律规定的同等地位和相应权益，学生的奖励资助、学业发展、就业创业、医疗保障、社会福利等权益被不同程度地剥夺，民办高校学生权利获得的基本资格被取消，自身发展的合理诉求和平等的法律地位被剥夺，这很大程度上也背离了教育公平的基本政策导向，让民办高校学生更难获得法律、政策等制度保障。

在共同体承认方面，民办高校学生尚未获得共同体的实质承认。获得共同体的普遍承认是民办高校学生的基本权利，也是民办高校学生身心健康发展的内生诉求。而在实践层面，政府、公办高校、社会用人单位等对民办高校的信任和承认不足，如有的教育行政部门尚未充分认识到民办高等教育在增加受教育机会、满足多样化需求、减轻政府财政压力等方面的巨大作用，由此导致民办高校学生无法获得尊严，也未被看作理性、参与性的独立主体，“形式承认”有余，“实质承认”不足。需转变利益共同体的思想观念，承认民办高校学生权利承担者的社会角色，充分尊重其人格尊严，密切关注民办高校学生的合理诉求满足情况，依法保障其合法权益，构建和谐共生的共同体关系。

二、服务公平理论

（一）理论要点

1. 服务公平理论的内涵

1988 年，公平理论首次被应用到服务领域。克莱曼（Clemmer）首次提出“服务公平”（Service Fairness）概念，他认为，公平理论同样适用于服务性企业与顾客之间的交往服务，公平性对顾客满意感有直接影响。[①] 而在服务至上的当今时代，将公平理念纳入组织承诺之中很有必要，也是对社会和组织心理学研究的继承与创新。[②③] 一般而言，服务公平是指客户对服务组织行为正义程度（justice）的感知，当顾客的实际经验与其公平标准相冲突时，顾客就会产生对服务公平性的判断，对不公平或特别公平行为有所感知。由于顾客期待得到公平待遇，因此对不公平待遇的反应较为明显，公平与不公平也成为两个相对的、可以动态转化的概念。此外，服务公平与服务质量辩证统一，多数情况下，糟糕的服务不一定是不公平的，但不公平的服务却很可能被判定为低质量的服务。

实际上，顾客无法很快忘记或原谅自身遭遇的不公平待遇，当公平问题演变为突出问题时，顾客的反应一般是较为激烈的（积极或消极的）。研究发现，当顾客自认为受到不公平对待时，其反应多是直接的、情绪化的和持久的，[④] 顾客对涉及公平事件的情绪反应强度往往高于不涉及公平的事件。

---

① 漆新贵．文化价值观对高等教育服务公平性与学生满意度关系的影响研究 [D]. 重庆：西南大学，2013.

② BIES R J, SHAPIRO D L. Interactional fairness judgments: the influence of causal accounts[J]. Social Justice Research, 1987(1) :199 - 218.

③ GREENBERG J.The quest for justice on the job: essays and experiments[M].Thousand Oaks, CA: Sage Publications, 1996:47.

④ SEIDERS K, BERRY L L.Service Fairness:What It Is and Why It Matters[J].The Academy of Management Executive, 1998(2):8-20.

当顾客受到不公平的伤害时，他们会对事件的起因和受益者产生愤怒乃至攻击行为，也可能产生宽恕、要求赔偿的心理，并会采取必要措施来阻止不公平事件的继续发生。① 虽然公平感往往发生在消极的情况下，但倘若某一个服务机构采取超越客户公平期望的行为，则可以激发顾客的积极感知与评价，当多数服务机构将公平视为基本行为准则时，预期之外的公平还能成为预期的公平性，甚至是权利。

2. 服务公平的构成要素

国内外研究者较为一致地认为，公平包括分配公平（distributive Fairness）、程序公平（procedural Fairness）和交互公平（interactional Fairness）三个要素。②③ 随着公平理论的发展，信息公平（information Fairness）逐渐进入学者视线，并从交互公平研究中分离出来，成为独立的研究领域。据此，服务公平包含分配公平、程序公平、交互公平和信息公平四大要素（表 2）。

表 2 服务公平各要素内涵分析表

	分配公平	程序公平	交互公平	信息公平
内涵	所得与所需的匹配度	决策与程序的公正性	人际交往待遇水平	信息可得性与对称性

分配公平，即决策或交换活动的结果，是个体对自身能否得到公平分配结果的感知程度。基于社会交换理论，分配公平侧重于公正的作用，即个人

① SCHNEIDER B, BOWEN D.Understanding consumer delight and outrage[J].Sloan Management Review, 1999(41):35 - 46.

② MAXHAMⅢ J G, NETEMEYER R G. Modeling customer perceptions of complaint handling over time: the effects of perceived justice on satisfaction and intent[J]. Journal of Retailing, 2002(4):239-252.

③ ANDERSON J C. An Approach for Confirmatory Measurement and Structural Modeling of Organizational Properties[J]. Management Seience, 1987(4):525-541.

通过横向比较他们的投入与结果，来评估社会交换的公平性，[①]当自身所得与投入成比例时，个体便认为是公平的，产生公平感，[②]当实际的收获与预期存在落差时，个体就会产生不公平感。因此，分配公平能直接影响个体对服务和组织的满意度。[③]员工能否得到公平的分配结果，反映的是组织对人本身价值的尊重与肯定，分配公平性的价值意义备受学者关注。归纳而言，在评价结果公平感知时，顾客往往会遵循以下三个原则：一是公正原则（equity），即投入与所得是否成正比，当高投入换来高回报时，个体才会产生公平感。人们不仅关心自身付出时间、技能、文凭、努力等之后的回报，即纵向比较之后的绝对回报，还关心自己投入和付出的相对量，个体会和自己具有相同经历、相同地位或生活场域的人比较，即横向比较。[④]当个体的投入（inputs）回报（outcomes）率低于他人的投入回报率时，他会感到不公正，当个体的投入回报率和其他人的投入回报率相当时，个体才能有公正感。[⑤]二是同等原则（equality），在特定情境下，每个人的所得应当相同。三是需求原则（need），个体的所得与他的需要相匹配。[⑥]每个人在服务公平方面都发挥着独特作用：少部分特别忠实的顾客可能期望得到非常优惠的结果（对应产权原则），大多数顾客期望每个人获得相同的结果（对应平等原则），有的顾客可能期望非凡的结果，即使它可能对服务系统征税（对应需

---

① ADAMS J S. Toward an understanding of inequity[J]. Journal of Abnormal and Social Psychology, 1963(5):422-436.

② GREENBERG J. The quest for justice on the job: essays and experiments[M]. Thousand Oaks, CA: Sage Publications, 1996:47.

③ SMITH A K, WAGNER B J. A model of customer satisfaction with service encounters involving failure and recovery[J]. Journal of Marketing Research, 1999(36): 356 - 373.

④ ADAMS J S. Toward an understanding of inequity[J]. Journal of Abnormal and Social Psychology, 1963(5):422-436.

⑤ ADAMS J S. Inequity In Social Exchange[J]. Advances in Experimental Social Psychology, 1965(4):267-299.

⑥ BIES R J, SHAPIRO D L. International fairness judgments: the influence of causal account[J]. Social Justice Research, 1987(2):199-218.

求原则）。

程序公平是产生结果的过程公平，是指个体对政策和程序公平性的感知。程序公平一般有六个原则：一致性，即要保障决策的一致性，使顾客知道在不同场景会发生什么事件；抑制主观偏见，抑制个人私利，不对某类群体持有偏见能确保机会的平等；准确性，将信息失误降到最低，保持信息的准确性有助于做出最恰当的决定；可纠正性，即允许组织决策的申诉与转换，及时纠正决策失误能最大限度地减少顾客的挫败感；代表性，对于涉及各方利益主体的服务项目，应向所有利益主体开放；道德性，即组织需具备符合道德和伦理的价值观，任何激励措施不能损害顾客的利益，使顾客做决定时无须猜测组织的动机。

交互公平强调人们在交换过程中获得的人际交往待遇，是对人际关系互动水平的感知。交互公平有三个判别标准，一是尊重原则，即服务提供方对顾客表现出基本的礼貌；二是诚实原则，服务提供方对顾客很直率；三是礼貌原则，服务提供方的行为符合基本的礼仪。交互公平涉及很多方面，可以应用到任何交换活动中，用来解释为什么顾客在对制订解决策略的过程和最终结果都感觉公平时，仍然认为受到了不公平的对待，[①]实际上，顾客会从企业对特定服务失败的解释和关注程度、诚实礼貌的态度以及提供服务补救的努力表现等方面来评价其交互公平。[②]

信息公平是指决策接受者是否得到了应有的信息和解释，反映出决策者在决策和交换过程中对待决策接受者的态度和行为。因此，如果个体的知情权益被剥夺，或者组织向员工提供虚假或欺骗信息，便出现了非对称信息环境，员工的情绪可能会受到不良影响。

---

① BIES R J, SHAPIRO D L.International fairness judgments: the influence of causal account[J].Social Justice Research, 1987(2):199-218.

② TAX S S, BROWN S W. Recovering and Learning from Service Failure[J].Sloan Management Review, 1998(1):75-88.

（二）对本研究的启示

在分配公平方面，民办高校学生的投入与回报并不成正比，有调查研究表明，民办高校学生的求学成本远高于公办高校学生，民办高校学生缴纳的学费显著高于公办高校，前者是后者的近 1.5 倍，[①] 而民办高校学生获得的奖、助学金机会和平均数额却明显低于同级同类公办高校学生。民办高校学生的付出并未带来对等的报酬和回报，极易产生不公正感。同时，学生倾向于将自己的付出与所得与他人进行比较，进而产生一种心理上的公平（不公平）感。一般而言，个体主要和自己类似的他人做比较，用以确认自己与他人相类似的属性，还倾向于跟与他们不同的人做比较，从侧面判明自身的地位、属性、个性。民办高校学生除了进行内部比较之外，更会与相近层次的公办高校学生做对比。

在程序公平方面，民办高校学生尚无法获得法律规定和学校承诺的各类权益。虽然民办教育法律法规明确规定了民办高校学生应当享有的权益，不少地方的民办高校年度检查也将学生权益保障作为重要的考察点，但在各地政策执行过程中，学生的合法权益并未受到足够重视，较难满足学生身心健康发展的需求。尤其是在民办高校退出时，背负高额债务的民办高校举办者较难把学生权益放在第一位，学生权益时常受到资本保值的侵害，如何确保人才培养工作的稳定性，让这些学生顺利完成学业，成为分类管理改革背景下日益严峻的议题。

在交互公平和信息公平方面，民办高校学生在就读过程中，常与教师、管理者、教育行政主管部门、用人单位等主体进行交流。在此过程中，民办高校学生受到不同程度的区别对待，一方面，不少民办高校管理者把学生视为被管理对象，对学生在校期间学习生活进行精细化管理和考核，学生身心自由受到很大限制，人格尊严尚未得到有效尊重；同时，在学校重大战略决

---

① 吴淑姣.公办高校与民办高校学生求学成本与就业的比较分析：对3省7所高校专科生的调查[J].教育与经济，2004(2):6-10.

策等关键问题上，民办高校学生的参与权得不到有效保障，学生代表大会制度形同虚设，学生申诉机制有待健全。另一方面，用人单位、公众等主体对民办高校学生持有偏见，仍未一视同仁地看待民办高校学生，甚至存在变相歧视等极端行为，一定程度上降低了民办高校学生的就业、创业、升学预期，也不利于其良好社会信念的养成。

显然，民办高校、用人单位等主体能否秉持分配公平、程序公平、交互公平和信息公平的原则，有效开展教育教学活动，直接关乎民办高校学生的就读满意度，影响其权益获得感。而民办高校学生权益的保障力度，是对高等教育服务质量的考验。为此，必须遵循公正、同等、需求三大基本原则，确保学生投入与所得的合理比例，努力提升学生实际权益与基本诉求的匹配度，实现分配公平；按照政策一致性、信息准确性、决策可纠性、政策开放性、行为道德性原则，努力提升民办高等教育服务的程序公平性；秉持真诚的服务态度，遵照基本的服务程序，给予民办高校学生充分尊重，提供便捷的服务补救措施，确保民办高等教育服务的交互公平；尊重学生主体地位，及时公开学校决策与管理信息，保障学生的知情权益、参与权益和监督权益，充分彰显民办高校管理的信息公平。

第二节　研究方法

一、德尔斐法

本研究采用德尔斐法，回答“民办高校学生权益保障包含哪些维度？”这一问题，构建《民办高校学生权益保障状况调查问卷》。首先，根据研究目的、研究问题和研究设计等要素成立专家函询小组，确保函询专家的专业性和代表性，继而向所有专家提出预测和讨论的问题，附上问题背景、填答说明及返还方式，专家以书面反馈的形式反馈意见、说明详细原因，笔者汇总、整理、分析各位专家意见，完善初始问卷；最后，将修改后的问卷再次发给第一轮反馈的专家，继续征集专家意见，如此逐轮收集、修改、反馈，直到每一个专家不改变自我意见（图 2）。

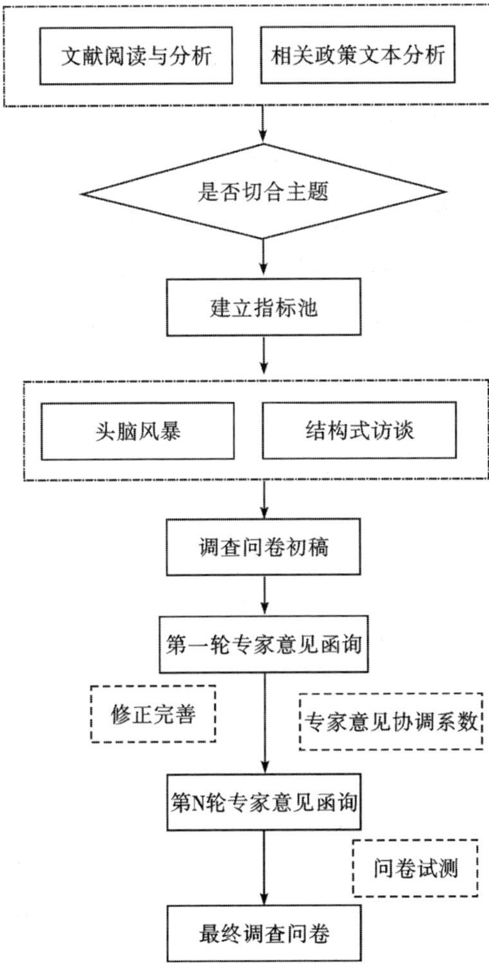

图 2　德尔斐法实施流程图

（一）专家信息

德尔斐法中，函询专家的代表性和权威性直接影响调查问卷的信效度。

本研究严格尊重研究问题特殊性、研究目标契合性、专家代表性与权威性等遴选原则，综合考虑专家所在高校属性、工作性质、学生管理经验、研究素养、职称等因素，初步建成了覆盖民办高校和公办高校教师、民办高等教育研究者和实践者、教育法学和民办教育研究学者的专家小组。

由现有相关文献得知，德尔斐法专家数量一般在 15—50 人，人数过多会增加函询时间成本和操作难度，降低调查研究的信效度，而人数过少则无法全面征集核心利益相关者的意见，降低研究结果的可信度和科学性。本研究严格按照研究目标和专家遴选标准，选定 20 位专家组成第一轮专家小组。邀请专家对各级维度体系的重要性进行打分，并对每一题项进行修改、删除、建议增加等操作。汇总专家的评分结果和修改意见，寻找专家意见的最大公约数，通过采纳大多数专家意见、研讨各专家集中反映的问题的方式逐步汇聚专家意见，形成最终调查问卷。17 位专家接受了邀请并在规定时间内给出反馈结果，另外 3 位专家因出国、出差等客观原因，未能在计划时间内给予反馈，因此未被列入专家组，专家小组实际成员 17 人，具体信息见表 3。

表 3　专家基本信息表

类别	水平	人数	百分比 / %
性别	男	9	52.94
	女	8	47.06
年龄	30—39 岁	8	47.06
	40—49 岁	7	41.18
	50—59 岁	2	11.76
学历	硕士	4	23.53
	博士	13	76.47
职称	讲师 / 助理研究员	6	35.29
	副教授 / 副研究员	7	41.18
	教授 / 研究员	4	23.53

续表

类别	水平	人数	百分比 /%
工作单位	公办高校	7	41.18
	科研院所	4	23.53
	民办高校	6	35.29
工作年限	1—5 年	5	29.41
	6—10 年	8	47.06
	11—15 年	4	23.53
职务	公办高校科研人员	4	23.53
	公办高校学生事务管理人员	2	11.76
	事业单位民办教育研究人员	3	17.65
	民办高校管理者	4	23.53
	民办高校教师	4	23.53

（二）操作方法

1. 构建学生权益各级维度内容

依据“民办学校的受教育者享有与同级同类公办学校的受教育者同等权利”等法律条款，地方普通公办高校学生享有的权益是民办高校学生权益的参照。笔者首先对地方普通公办高校的管理人员及本科生进行结构性访谈，搜集分析多所地方普通公办高校的学生日常管理规定，探析普通公办高校学生享有的权益。同时，广泛搜集、整理、归纳现有相关文献，形成了高校学生权益研究、民办高校学生权益研究、国外高校学生权益研究等文献报告。其次，采用访谈法和政策分析法了解民办高校学生权益的结构及保障情况。通过开展多场民办高校学生权益保障状况座谈会，请学生基于访谈提纲但不限于访谈提纲，尽可能详尽地回答问题。访谈问题包括：民办高校学生享有的权益、各项权益的保障情况、保障学生权益的建议。

第一，检索相关文献，寻找与民办高校学生权益相关的所有维度。立足现有文献，依次以“高校学生”“学生权利”“学生权益”“民办高校学生权利”“民办高校学生学习”“民办高校学生就业”“民办高校学生参与管理”等为检索词，搜集相关文献；考虑到近年来高等教育理论研究成果更新速度之快和民办高等教育制度变革之多，将文献检索时间限定为2013年1月1日至2018年12月31日，共检索到47篇。通过进一步阅读相关文献，剔除相关度不高的文献（如《民办高校学生管理法制化》），保留文献40篇。借助定性整合法，[①] 全面深入阅读现有文献，分篇提取与民办高校学生权益相关的维度，合并每篇文献提取出来的维度，对维度群进行比较、整合、提炼，直至构建出民办高校学生权益的所有维度。

第二，分析高等教育和民办教育法律法规，初步确定民办高校学生权益的各级维度。一方面，学习新修订的《中华人民共和国高等教育法》《学生资助政策通知》、新《管理规定》等教育政策文本以及党的十九大报告关于教育的论述，进一步强化了“促进教育公平任重道远”的基本认识，透析出“公办、民办高校学生应享受同等权益”“保障弱势地位学生合法权益”“进一步扩大高等教育公平范围”等政策意蕴，明确了高校学生应享有的权益：参加学校教育教学活动、获得就业创业指导与服务、申请奖助贷学金、获得公正评价、以适当方式参与学校管理、对侵害自身合法权益行为提出申诉、法律法规及学校章程规定的其他权利。另一方面，分析新《民促法》《若干意见》《实施条例》《实施细则》《任务分工方案》等法规政策，明确民办高校学生权益至少包括评奖评优、升学就业、社会优待、医疗保险、参与学校管理等权益。

第三，对东部B市2所普通公办高校的5位学生工作管理人员进行半结构式访谈，明确了地方普通公办高校学生能享受的权益。访谈发现，虽然并

① 饶克勤，王明亮．知识管理理论、方法与实践：知识管理与卫生循证决策[M].北京：科学出版社，2010:35.

非所有公办高校的学生都充分珍惜自身权益，且部分学生在参与学生活动、建言献策等方面的积极性不强，但公办高校的服务与保障措施较为完备，学生地位与尊严得到基本尊重。归纳而言，地方普通公办高校学生至少享有以下权益：参与教育教学活动、使用学校资源、申请奖助学金、获得就业指导、选课自主权、获得公平评价、获得学历学位证书、参加校内学生团体、参与学校组织管理、知情权、参与权、表达权、申诉权，及法律法规规定的其他权利。总之，地方普通公办高校学生能享有评奖评优、学业发展、就业创业、社会保障、参与学校管理等权益。

第四，对 3 所民办高校的 5 位学生工作管理人员（2 位学生辅导员、2 位学工处处长、1 位教务处处长）进行半结构式访谈，了解民办高校学生权益的内涵、保障情况及阻滞因素。被访者认为民办高校学生权益包含以下三个方面：一是学生生活方面的权益，比如宿舍维修与保修情况、收费合理情况等，二是学习服务方面的权益，比如为学生的日常学习提供便捷服务，三是学生发展方面的权益，比如为学生考研、出国留学搭建平台。同时，被访者也指出我国民办高校学生权益保障存在的问题，譬如学生奖学金名额过少、家庭经济困难学生学费负担较大、学生社团活动的自主权受限、日常管理规定较为严苛、学生人身自由权受到侵犯、学生就业服务有待加强等，并认为上述问题受制于高校办学资金的充裕度、高校内部管理制度、政策规定的明确性、政策的实施力度、社会团体的支持力度等因素。

第五，对东部 3 所民办高校学生进行半结构式访谈，确定民办高校学生权益的各级维度。本书依据方便抽样的原则，对东部 S 省的 3 所民办高校学生，就“您认为自己应享受哪些合法权益？您是否享受到了这些权益？”等问题，开展了学生座谈会，座谈时间控制在 3—3.5 小时。访谈过程中，民办高校学生常提及“与公办高校相比”等类似字眼，表明民办高校学生希望得到与公办高校学生同等地位。对访谈资料的进一步分析得知，民办高校学生认为自身应享有入学前的知情权、学习自主权、参与和设立社团权、获得同等和公平资助待遇权、获得公正评价权、参与教育教学权、人身健康与安全权、获得学位学历证书权、升学权、公平就业权等。

2. 修正学生权益理论模型

通过一对一的专家意见问询，征询每位专家对问卷维度的意见，回收、分析各位专家意见，针对性增加、删除、合并或修改学生权益保障的理论模型，将修改后的问卷继续反馈给专家，再次征询、汇总、分析专家意见，直至各位专家的意见趋于一致。

第一轮专家意见函询中，专家的积极性系数、专家集中程度和权威系数较高。各维度的标准差皆小于 0.9，变异系数皆小于 0.3，表明数据的离散程度较低，专家意见的集中度较高；专家权威系数为 0.79 ＞ 0.7，表明维度体系的评价结果是可靠的。专家普遍建议调整二级维度、优化各指标的集中度、增强题项表述准确性、突出学生权益保障等。第二轮专家意见函询中，上一轮专家皆接受了填答请求，专家积极性系数、集中程度、专家权威系数都达到统计学要求，表明专家意见比较集中，研究结论的可信度较强。第三轮专家意见函询中，各位专家意见达到了高度一致，并给予了较高评价。仅有 1 位专家建议完善题项的人称表述方式，将“我”统一为“您”。

经过三轮专家意见函询，笔者编制了《民办高校学生权益保障状况调查问卷》，问卷包括奖励资助权益、升学就业权益、社会优待权益和参与管理权益 4 个一级维度，奖助环境、奖助制度、奖助力度、社会福利、医疗保险、升学深造、就业创业、知情权益、参与权益、表达和监督权益 10 个二级维度，“学生的奖助政策公开、公正”“大学新生能享受路费补贴”“学生享有公平的升学机会”等 47 个指标。

3. 构建学生权益理论模型

本研究以东部 SD 省的 1 所高校学生为试测对象，采用题目质量分析、因素分析和信度分析等方法，检验学生权益维度的合理性。以随机抽样的方式选取了 248 名学生，发放《民办高校学生权益保障状况调查问卷》，剔除无效样本 48 份，有效样本量为 200 份，样本回收率达 81%(表 4)。

表 4　试测样本基本信息表

项目	水平	频数	有效百分比 /%
性别	女	115	57.5
	男	85	42.5
年级	大一	95	47.5
	大二	75	37.5
	大三	20	10.0
	大四	10	5
独生子女	是	76	38.0
	否	124	62.0
专业层次	本科	97	48.5
	专科	103	51.5
专业所属学科	人文社科类	79	39.5
	理工类	56	28.0
	农医类	17	8.5
	艺术类	14	7.0
	其他	34	17.0
学生干部	是	91	45.5
	否	109	54.5
家庭所在地	城市	55	27.5
	乡镇	35	17.5
	农村	110	55.0
父母最高学历	初中及以下	117	58.5
	高中	53	26.5
	专科或本科	30	15.0

采用相关法分析题目鉴别度，所有题目的 Pearson 相关系数均在 0.45 以

上，p值均小于0.01，达到非常显著的水平，表明民办高校学生权益保障问卷各题项的质量较好；采用独立样本T检验，统计结果显示，各项目t值均达到非常显著的水平（sig. ＜0.005），说明试测问卷的47个题项鉴别度较高，能鉴别出不同被试的反应程度。各项目的平均共同度为0.67，大于0.6，具有统计学意义。

因素分析结果显示，KMO值为0.959，表明变量间的共同因素较高，变量间的相关性高，非常适合做因子分析。Bartlett's球形度检验的 $x^2=7258.733$，df=703，p=.000，拒绝相关系数为0（变量相互独立）的原假设，表明题项相关矩阵间存在共同因素，符合因子分析的要求。依次计算总量表和分量表的"Cronbach α"系数与分半信度系数，总量表和分量表的"Cronbach α"系数和分半信度系数都高于0.8，表明量表的稳定性较强（表5）。

表5　总量表及分量表信度检验结果表

	学生权益	奖励资助权益	学业就业权益	福利优待权益	参与管理权益
Cronbach α 系数	0.974	0.914	0.953	0.877	0.960
分半信度系数	0.920	0.802	0.918	0.802	0.907

经过两次因子分析，选取因子负荷量在0.40以上的因子，最终得到4个因子，转轴后4个因子的累积解释变异量为69.21%＞60%。根据每一个因素包含的项目内容，对4个分量表进行命名，并依次对每个分量表进行因子分析，将因子1命名为参与管理权益，子因子分别命名为知情权益、参与权益和监督权益；因子2命名为学业就业权益，子因子分别命名为就业创业权益、升学深造权益、学业发展权益；因子3命名为奖励资助权益，子因子分别命名为奖助范围权益、奖助力度权益和奖助结果权益；因子4命名为福利优待权益，子因子分别命名为医疗服务和社会福利权益。最终，民办高校学生权益保障问卷包括奖励资助权益、学业就业权益、福利优待权益和参与管理权

益 4 个一级维度，奖助范围权益、奖助力度权益、奖助结果权益等 11 个二级维度，“您认为助学贷款的数额足够”“ 您能自主安排空闲时间用于学习”等 38 个指标。

二、问卷调查法

依据民办高校学生权益保障的理论模型，采用封闭式问卷的形式，编制《民办高校学生权益保障状况调查问卷》，问卷采用李克特（Likert）5 点计分方式，从极不符合到非常符合，分别评定为 1—5 分，所有题项均采用正向计分方式，得分越高，表明该表述与被调查学生的符合度越高（表 6）。借助调查问卷，调查分析民办高校学生权益保障的总体水平和差异水平。

表 6　民办高校学生权益保障调查问卷的维度结构

一级维度	二级维度	指标内容
奖励资助权益	奖助范围	“学校的勤工助学岗位多”等 3 题
	奖助力度	“您认为助学贷款的数额足够”等 3 题
	奖助结果	“获奖的学生能如期收到奖助学金”等 3 题
福利优待权益	社会福利	“您能享受到旅游景点门票等社会优待”等 3 题
	医疗服务	“您能享受到医疗保险规定的各种优惠”等 3 题
学业就业权益	学业发展	“您能自主安排空闲时间用于学习”等 4 题
	升学深造	“学校的学习氛围对您的升学很有帮助”等 4 题
	就业创业	“学校为学生的就业创业提供平台支持”等 5 题
参与管理权益	知情权益	“您能全面了解学校重大事件的处理过程”等 3 题
	参与权益	“学校会请学生代表列席讨论与学生利益相关的决策”等 4 题
	监督权益	“您的建议能得到及时反馈”等 3 题

（一）样本特征

笔者依据民办高校数量和学生规模分布的代表性，选取东部、中部、西部 3 个地区 20 所学校为研究样本，抽取 18 431 个原始学生样本，剔除重复、无效样本 2 126 份，得到有效样本 16 305 份，有效样本率为 88.47%。

邀请 20 所样本学校通过集中作答和分散作答两种形式，在线填写调查问卷（研究者事先将问卷填写网络地址发给相关负责人），要求尽量覆盖不同专业、不同年级的学生，确保有效样本量（表 7）。

表 7　样本所在地区信息表

样本来源省份	学校数	原始数据量	有效样本量	有效样本率 / %
S 省	9	6 320	5 268	83.35
H 省	5	5 961	5 512	92.47
G 省	6	6 150	5 525	89.84
总计	20	18 431	16 305	88.47

分类统计样本信息，发现男生占比 40.8%，女生占比 59.2%；大二学生占比最多，达 47.4%；非独生子女学生占比达 80%；本科高校占比最多，比例达 78.2%，专科 / 高职学校占比为 21.8%，具体见表 8：

表 8　样本基本信息表

项目	水平	频数	有效百分比 / %
性别	男	6 652	40.8
	女	9 653	59.2
年级	大一	6 213	38.1
	大二	7 730	47.4
	大三	1 849	11.3
	大四（含其他）	513	3.1

续表

项目	水平	频数	有效百分比 / %
独生子女	是	3 265	20.0
	否	13 040	80.0
学校办学层次	专科 / 高职	3 559	21.8
	本科	12 746	78.2
专业层次	专科	6 505	39.9
	本科	9 800	60.1
专业所属学科	人文社科类	6 040	37.0
	理工类	4 017	24.6
	农医类	1 418	8.7
	艺术类	1 967	12.1
	其他	2 863	17.6
专业获得方式	第一志愿	9 285	56.9
	非第一志愿	4 844	29.7
	调剂	1 062	6.5
	其他	1 114	6.8
学生干部	是	7 777	47.7
	否	8 528	52.3
创业经历	是	2 085	12.8
	否	14 220	87.2
兼职经历	是	7 963	48.8
	否	8 342	51.2
助学贷款	无	10 128	62.1
	国家助学贷款	799	4.9
	生源地贷款	5 160	31.6
	其他	218	1.3

续表

项目	水平	频数	有效百分比 / %
家庭所在地	城市	3 206	19.7
	乡镇	2 718	16.7
	农村	10 381	63.7
父母最高学历	初中及以下	10 769	66.0
	高中	3 586	22.0
	专科或本科	1 884	11.6
	研究生	66	0.4

（二）操作方法

借助 SPSS 20.0 统计软件，通过数据筛选、数据排序与编码、计算变量等操作，构建数据文件；通过描述性统计、独立样本 T 检验等方法，分析民办高校学生权益保障的总体水平、集中趋势、离散程度、组间差异，探索隐藏在数据背后的内在规律。

三、访谈法

笔者通过小组讨论法，确立了民办高校学生和民办高校学生工作管理人员访谈提纲。采用半结构式访谈法，进一步印证民办高校学生权益保障达到的水平，深入了解民办高校学生权益保障的现状及成因，增强定量调查结果的科学性、全面性。

（一）访谈实施

以 5 所民办高校的 10 名学生工作管理人员及 62 名民办高校学生为调查对象，开展半结构式访谈，即事先准备一个粗略的访谈提纲，根据研究设计提出相应问题，同时允许被访谈者参与其中，鼓励被访者发表自己意见。①

① 马晓春，李爱娟 . 教育研究方法 [M]. 北京：北京师范大学出版社，2016:159.

在具体的访谈中，本研究采取多种措施确保研究信度。第一，每场访谈全程录音，准确完整记录被访者提供的信息，妥善保存录音材料；第二，在尊重被访者意愿的情况下，建立与被访者的通信联系（多以微信群组的方式），为后续研究与追问做好铺垫，确保真实、准确记录被访者观点；第三，尽量请被访者提供访谈中的纸质材料，如有补充材料亦可通过电子邮件或邮寄的方式提供，最大限度地确保访谈材料的全面性；第四，每次访谈之后建立备忘录，及时反思访谈方式和访谈结果，不断提升访谈质量。

（二）资料整理与分析

本研究借助录音转录工具将音频文件转化成文本，并将之导入 MAXQDA 软件中，根据研究需要和研究问题，逐字逐句地标示文本材料，认真仔细阅读、分类、汇总文本资料。以奖励资助权益、福利优待权益、学业就业权益和参与管理权益四大维度为类属，对访谈资料进行归类与归档。

在具体的操作层面，借助 MAXQDA 软件中的“编码标示出来的片段”“用新代码编码”“颜色编码”等功能，标记相关的字、短语、句子和段落，不仅标记“学习”“奖学金”“补助”“创业补助”“学生代表大会”这些显性字段，也标记“查宿舍”“固定的考研自习室”“外聘老师”等非显性字段，构建起民办高校学生权益保障的多层代码系统。

第三节　研究结果

一、学生权益的总体水平

由有效数据得知，民办高校学生权益保障的均值[①]为 3.36，变异系数为

① 均值范围是1—5，当均值到3，表明水平至少达到中等。

0.196。单样本 T 检验（与 3 比较）的结果表明，样本民办高校学生权益保障水平显著大于 3（T = 68.98，df = 16 305，p=0.000 < 0.001）。87.02% 的样本民办高校学生选择了“中立”“符合”“非常符合”，39.17% 的学生选择“中立”，38.02% 的学生选择“符合”，9.84% 的学生选择“非常符合”，表明民办高校学生权益保障水平达到中等水平。

具体来看，学生学业就业权益保障水平最高，福利优待权益保障水平较高，参与管理权益保障水平次之，奖励资助权益保障水平最低。

表 9　学生权益保障各维度均值表

维度	均值（M）	标准差 (SD)	变异系数 (CV)
学生权益	3.36	0.660	0.196
奖励资助权益	3.13	0.728	0.213
福利优待权益	3.50	0.758	0.217
学业就业权益	3.55	0.695	0.196
参与管理权益	3.24	0.839	0.259

（一）奖励资助权益保障水平

由表 9 可知，学生奖励资助权益保障的均值（M=3.13，CV=0.213）最低，表明民办高校学生较难充分获得奖励资助权益，民办高校学生奖、助、贷、补、勤等工作尚有较大提升空间。

表 10　奖励资助权益保障各维度均值表

维度	均值（M）	标准差 (SD)	变异系数 (CV)
奖助范围	3.04	0.880	0.289
奖助力度	3.18	0.791	0.249
奖助结果	3.17	0.761	0.240

从奖励资助权益保障的二级维度看，各维度均值排序为：奖助力度（M=3.18，CV=0.249）>奖助结果（M=3.17，CV=0.240）>奖助范围（M=3.04，

CV=0.289)（表 10），说明民办高校学生奖助力度权益保障水平最高，奖励资助范围权益保障水平最低，可见民办高校学生奖助的覆盖面不大，奖助的辐射力有待增强。同时，各维度变异系数皆＜1，说明调查结果的一致性较高。

从奖励资助权益保障的各个指标看，“获奖的学生能足额收到奖助学金”（M=3.48，CV=0.253）的均值水平最高，表明民办高校奖助学金发放工作基本规范，基本能保证学生足额收到奖助学金；“您和同学都有奖学金”（M=2.59，CV=0.407）的均值水平最低，说明与同级同类公办高校相比，民办高校学生奖助学金机会相对不多，奖助学金与学生数量的匹配度不强，亟须扩大奖助学金覆盖范围，减轻民办高校学生学习生活的后顾之忧，激励民办高校学生积极向学、奋发有为。

（二）福利优待权益保障水平

由表 9 可知，福利优待权益保障的均值水平相对较高，均值为 3.50，变异系数为 0.217，表明民办高校学生基本能获得社会福利和就医权益。

表 11　福利优待权益保障各维度均值表

维度	均值（M）	标准差 (SD)	变异系数 (CV)
社会福利	3.53	0.797	0.226
医疗服务	3.48	0.833	0.239

从福利优待权益保障的二级维度看，社会福利权益（M=3.53，CV=0.226）＞医疗服务权益（M=3.48，CV=0.239）（表 11），说明民办高校学生社会福利权益保障水平相对较高，基本能获得与同级同类公办高校学生同等的社会公共福利资源与医疗服务待遇。社会优待和医疗服务权益保障的变异系数皆＜1，表明学生社会福利和医疗服务权益测评结果一致性较高。

从福利优待权益保障的各个指标看，“您能享受到寒暑假火车票等优惠”（M=3.74，CV=0.255）的均值水平最高，表明民办高校学生基本能获得和同级同类公办高校学生相当的寒暑假火车票等交通优惠，“您能享受到日常交通

（如公交车／地铁）等优惠”（M=3.18，CV=0.334）的均值水平最低，说明民办高校学生享受到的日常交通优惠仍有不少提升空间。

（三）学业就业权益保障水平

由表 9 可知，学业就业权益保障均值水平最高，均值为 3.55，变异系数为 0.196，表明民办高校学生基本能获得相应的学业发展、升学深造和就业创业权益。

表 12　学业就业权益保障各维度均值表

维度	均值（M）	标准差 (SD)	变异系数 (CV)
学业发展	3.62	0.718	0.198
升学深造	3.49	0.773	0.221
就业创业	3.56	0.771	0.217

从学业就业权益保障的二级维度看，各维度均值排序为：学业发展（M=3.62，CV=0.198）＞就业创业（M=3.56，CV=0.217）＞升学深造（M=3.49，CV=0.221）（表 12），说明学业发展权益保障水平最高，就业创业权益保障水平次之，升学深造权益保障水平最低，表明学生能自主修习专业课程、选择学习场所、选择实践活动等，获得学业就业创业的平台、人员、技术、资金等支持。同时，学业发展、就业创业和升学深造权益的变异系数分别为 0.198、0.217、0.221，变异系数皆＜ 0.3，表明学业就业权益保障测评结果的一致性较高。

从学业就业权益保障的各个指标看，“您能自主安排空闲时间用于学习”（M=3.68，CV=0.213）的均值水平最高，说明学生基本能够根据个人习惯和爱好进行学习；“您能找到适合自己的学习场所 ”（M=3.66，CV=0.223）的均值水平较高，说明民办高校能为学生学习提供基本的场所支持；“学校的学习氛围对您的升学很有帮助”（M=3.44，CV=0.263）的均值水平最低，折射出民办高校的学习氛围不够浓厚，民办高校学风对学生升学的正向作用有待增强。

（四）参与管理权益保障水平

由表 9 可知，参与管理权益保障的均值水平较低，均值为 3.24，变异系数为 0.259，说明民办高校学生较难获得充分的知情权益、参与权益和监督权益。

表 13 参与管理权益保障各维度均值表

维度	均值（M）	标准差 (SD)	变异系数 (CV)
知情权益	3.25	0.890	0.274
参与权益	3.26	0.867	0.266
监督权益	3.19	0.890	0.279

从参与管理权益保障的二级维度看，各维度的均值大小排序为：参与权益（M=3.26，CV=0.266）＞知情权益（M=3.25，CV=0.274）＞监督权益（M=3.19，CV=0.279）（表 13），说明民办高校学生在参与学校管理方面的获得感较强，但在监督学校内部治理等方面较难发挥有效作用。同时，各二级维度的变异系数皆＜ 1，表明调查结果的一致性水平较高，研究结论可信。

从参与管理权益保障的各个指标看，均值水平较高的维度分别是“您能便捷地获取学校的重要信息”（M=3.33，CV=0.280）和“学校会请学生代表列席讨论与学生利益相关的事务”（M=3.31，CV=0.279），说明民办高校校务信息基本公开，学生参与渠道基本畅通，学生代表在与自身利益相关事务中享有发言权；“学校做出与学生利益相关决策前能征求您的意见”（M=3.13，CV=0.324）的均值水平最低，说明民办高校难以充分尊重学生对学校重大决策的意见，学生的表达和监督权保障不力。

二、学生权益的差异性水平分析

为验证“不同民办高校学生权益保障水平存在显著差异”这一研究假设，了解多元背景下学生各项权益的保障情况，根据变量属性和方法适用性，分别采用独立样本T检验和F检验统计方法，检验不同人口统计学变量下学生权益保障的水平。

（一）T检验与结果

分析发现，样本数据服从正态分布。采用独立样本T检验方法，对性别、专业层次等变量进行独立样本T检验，发现不同性别、专业层次、（是／否）独生子女、（是／否）学生干部、（有／无）创业经历、（有／无）兼职经历的学生，其权益保障水平存在显著差异（表14）。

具体来看，男生权益保障水平高于女生，本科学生权益保障水平高于专科学生，独生子女学生权益保障水平高于非独生子女学生，学生干部学生权益保障水平高于非学生干部学生，有创业经历学生的权益保障水平高于无创业经历学生，有兼职经历学生权益保障水平高于无兼职经历学生。

表14　独立样本T检验结果表

变量	类别	均值	F	T	df
性别	男	3.40	59.704***	7.658***	16 303
	女	3.32			
专业层次	专科	3.29	117.449 ***	-10.407 ***	16 303
	本科	3.40			
独生子女	是	3.41	20.627 ***	4.814***	16 303
	否	3.34			
学生干部	是	3.40	15.129***	7.306***	16 303
	否	3.32			
创业经历	有	3.41	70.546 ***	4.154***	16 303
	无	3.35			
兼职经历	有	3.40	13.276***	7.670***	16 303
	无	3.32			

注：$p>0.05$　*$p<0.05$　**$p<0.1$　***$p<0.001$

（二）F检验与结果

单因素方差分析（F 检验）可检验由单一因素影响的分析变量在因素各水平分组的均值间的差异是否有统计意义，还可以进行组间均值的多重比较，即两组间均值的比较。F 值如果达到显著水平，表明各组之间至少有一对平均数之间存在显著差异，此时需要进行多重比较分析，选用假设方差不齐性条件下的 Tamhane's T2 检验法，参照多重比较检验的 5% 显著性水平，进一步检验各组之间的差异性。以下依次对年级、专业获得方式、助学贷款情况、父母最高学历、家庭所在地等变量进行单因素方差分析和事后多重检验。

1. 不同年级学生权益保障水平

分析发现，不同年级学生权益保障水平存在显著差异。大一与大二、大一与大三、大三与其他、大二与其他（即大五或延毕）学生之间的权益保障水平差异明显，大三学生的权益保障水平最高，均值排序为：大三（M=3.43）＞大二（M=3.38）＞大四（M=3.33）＞其他（M=3.19）（表 15）。

表 15　不同年级学生权益保障的多重检验结果表

		平方和	df	均方	F 检验	事后比较
学生权益	组间	26.258	4	6.565	15.116***	C＞A B＞A C＞D
	组内	7 078.829	16 300	0.434		
奖励资助权益	组间	44.958	4	11.239	21.340***	C＞A B＞A
	组内	8 585.020	16 300	0.527		
学业就业权益	组间	23.678	4	5.920	12.282***	C＞A C＞D B＞A B＞D
	组内	7 856.230	16 300	0.482		

续表

		平方和	df	均方	F 检验	事后比较
福利优待权益	组间	39.970	4	9.993	17.474***	C > A C > B C > D
	组内	9 321.352	16 300	0.572		
参与管理权益	组间	16.602	4	4.150	5.908***	C > A C > D
	组内	11 451.971	16 300	0.703		

注：（1）$p > 0.05$ $^{*}p<0.05$ $^{**}p<0.1$ $^{***}p<0.001$

（2）A= 大一 B= 大二 C= 大三 D= 其他

2. 不同专业获得方式学生权益保障水平

不同专业获得方式学生权益保障水平存在差异，第一志愿学生权益保障水平明显高于其他学生，第一志愿与非第一志愿、第一志愿与调剂、第一志愿与其他、非第一志愿与其他之间学生的权益保障水平存在显著差异。学生权益保障水平的均值排序如下：第一志愿（M=3.42）＞非第一志愿（M=3.31）＞调剂（M=3.29）＞其他（M=3.11）（表 16）。

表 16 不同专业获得方式学生权益保障的多重检验结果表

		平方和	df	均方	F 检验	事后比较
学生权益	组间	118.932	3	39.644	92.502***	A > B A > C A > D B > D
	组内	6 986.155	16 301	0.429		
奖励资助权益	组间	97.676	3	32.559	62.204***	
	组内	8 532.302	16 301	0.523		
学业就业权益	组间	124.365	3	41.455	87.132***	
	组内	7 755.543	16 301	0.476		
福利优待权益	组间	154.170	3	51.390	90.985***	
	组内	9 207.152	16 301	0.565		

续表

		平方和	df	均方	F 检验	事后比较
参与管理权益	组间	117.618	3	39.206	56.304***	C＞D
	组内	11 350.955	16 301	0.696		

注：（1）p>0.05　*p<0.05　**p<0.1　***p<0.001

（2）A= 第一志愿　B= 非第一志愿　C= 调剂　D= 其他

3. 不同助学贷款情况学生权益保障水平

不同助学贷款情况学生奖励资助权益保障水平无显著差异，不同助学贷款情况学生福利优待和参与管理权益保障水平存在显著差异。各维度均值排序为：国家助学贷款（M=3.37）＞无助学贷款（M=3.36）＞生源地贷款（M=3.35）＞其他（M=3.27）（表 17）。在福利优待权益方面，无助学贷款与生源地贷款、无助学贷款与其他助学贷款学生的权益保障水平存在显著差异。

表 17　不同助学贷款情况学生权益保障的多重检验结果表

		平方和	df	均方	F 检验	事后比较
学生权益	组间	2.774	3	0.925	2.122	n. s.
	组内	7 102.313	16 301	0.436		
奖励资助权益	组间	4.170	3	1.390	2.627	n. s.
	组内	8 625.807	16 301	0.529		
学业就业权益	组间	1.708	3	0.569	1.178	n. s.
	组内	7 878.200	16 301	0.483		
福利优待权益	组间	13.526	3	4.509	7.862***	A＞C A＞D
	组内	9 347.796	16 301	0.573		
参与管理权益	组间	13.268	3	4.423	6.293*	A＞C
	组内	11 455.305	16 301	0.703		

注：（1）n.s. p>0.05　*p<0.05　**p<0.1　***p<0.001

（2）A= 无助学贷款　B= 国家助学贷款　C= 生源地贷款　D= 其他

4. 不同父母最高学历学生权益保障水平

不同父母学历学生权益保障水平存在显著差异，其中，父母学历是“高中”的与“初中及以下”学生权益保障水平存在显著差异，而“初中及以下”与“专科或本科”、“初中及以下”与“研究生”、“高中”与“专科或本科”、“高中”与“研究生”、“专科或本科”与“研究生”之间的权益保障水平不存在显著差异。不同父母最高学历学生的权益保障水平分别为：高中（M=3.41）＞专科或本科（M=3.38）＞初中及以下（M=3.33）＞研究生（M=3.24）（表 18）。在奖励资助权益方面，父母学历是高中与“初中及以下”学生权益保障水平存在显著差异，其他组间不存在显著差异；在福利优待和参与管理权益方面，“高中”与“初中及以下”、“专科或本科”与“初中及以下”之间学生权益达到的保障水平存在显著差异。

表 18　不同父母最高学历学生权益保障的多重检验结果表

		平方和	df	均方	F 检验	事后比较
学生权益	组间	16.152	3	5.384	12.381***	B＞A
	组内	7 088.935	16 301	0.435		
奖励资助权益	组间	7.939	3	2.646	5.003***	B＞A
	组内	8 622.039	16 301	0.529		
学业就业权益	组间	11.979	3	3.993	8.273***	B＞A
	组内	7 867.929	16 301	0.483		
福利优待权益	组间	25.812	3	8.604	15.024***	B＞A C＞A
	组内	9 335.510	16 301	0.573		
参与管理权益	组间	29.312	3	9.771	13.923***	B＞A C＞A
	组内	11 439.261	16 301	0.702		

注：（1）n.s. p>0.05　*p<0.05　**p<0.1　***p<0.001

（2）A= 初中及以下　B= 高中　C= 专科或本科　D= 研究生

5. 不同家庭所在地学生权益保障水平

不同家庭所在地学生权益、福利优待权益和参与管理权益保障水平存在显著差异，城市学生的权益保障水平最高。在总体权益方面，城市与农村学生权益保障水平存在显著差异，城市与乡镇、乡镇与农村学生权益保障水平不存在显著差异，各维度均值排序为：城市（M=3.15）＞农村（M=3.128）＞乡镇（M=3.125）（表 19）；在福利优待权益方面，城市与乡镇、城市与农村学生权益保障水平存在显著差异；在参与管理权益方面，城市与农村学生权益保障水平存在显著差异。

表 19　不同家庭所在地学生权益保障的多重检验结果表

		平方和	df	均方	F 检验	事后比较
学生权益	组间	4.445	2	2.222	5.102^{*}	A＞C
	组内	7 100.642	16 302	0.436		
奖励资助权益	组间	.823	2	0.411	2.860	n. s.
	组内	8 629.155	16 302	0.529		
学业就业权益	组间	2.764	2	1.382	0.057	n. s.
	组内	7 877.144	16 302	0.483		
福利优待权益	组间	13.458	2	6.729	11.735^{***}	A＞B A＞C
	组内	9 347.864	16 302	0.573		
参与管理权益	组间	11.764	2	5.882	8.369^{***}	A＞C
	组内	11 456.809	16 302	0.703		

注：（1）n.s. p>0.05　*p<0.05　**p<0.1　***p<0.001

（2）A= 城市　B= 乡镇　C= 农村

从独立样本 T 检验和 F 检验结果看，不同人口属性变量（性别、独生子女）、学科专业背景变量（专业层次、专业获得方式、年级）、课外活动经历变量（学生干部、创业经历、兼职经历）、家庭资本变量（父母最高学历、家庭所在地、助学贷款）学生权益保障水平都存在显著差异。

第二章

奖励资助权益保障分析

保障民办高校学生的奖励资助权益，是贯彻落实学生同等资助政策、实现“保基本、兜底线、促发展”目标的现实要求，最能体现出公共资源分配的公正性、高等教育的公平性和利益主体的权责一致性。基于对民办高校学生奖励资助权益保障的诉求分析，结合定量调查和定性访谈结果，本章将从奖助范围、奖助力度和奖助结果等方面，分析民办高校学生奖励资助权益保障的现状，分析影响因素，提出对策建议。

第一节　奖励资助权益保障的诉求

一、民办高校学生奖助应加强统筹管理

我国民办高校学生奖助工作较为松散，迫切需要加强统筹管理，走出简单的外延扩张误区，坚持以人才培养质量为中心，这是学生奖励资助权益得到切实保障的基本前提。

一方面，民办高校的学生规模扩张冲动强烈，迫切需要加强学生奖助工作的宏观引导。一些民办高校并未形成错位发展的良性生态，有的罔顾自身办学条件，盲目扩张学校规模，盲目扩大招生数量，导致学生奖助脱节问题。据调查，西部某省民办高校的专业平均趋同率达 65%，[①] 这在很大程度上加剧了民办高校间的资源竞争，不利于学生奖励资助权益的有效保障，迫切需要加强顶层设计，发挥政策工具在资源配置中的作用，给予民办高校充分的政策、资金等支持，引导民办高校坚持学生为本、质量立校的办学理念。

另一方面，一些民办高校办学规范化程度不高，亟须加强民办高等教育

① 陈文联．民办本科高校发展的同质化：表征、原因与对策 [J]. 黄河科技大学学报，2017(5):16-20.

管理。当前，我国民办高等教育资金来源受限，管理机构建设和人员配备不足难以适应民办高校的实际，无法有力规范民办高校学生奖助工作。仅从民办教育的行政管理机构设置上看，全国仅有十几个省教育厅（教委）设立了专门的民办教育管理处（或民办教育管理办公室），其余省份多由发展规划、政策法规等相关处室负责。① 需要扩充资金来源，配备和充实管理力量，确保学生同等奖助政策落到实处。

二、能有效帮助经济困难学生完成学业

在笔者的调查样本中，80.4% 的学生来自农村和乡镇，66% 的学生父母最高学历为初中及以下，22% 的学生父母最高学历为高中，仅有 11.6% 的学生父母学历为专科或本科，表明样本民办高校学生并无显著的家庭经济资本优势。而家庭资本能对大学生学业表现、人际交往水平、就业质量等产生深刻影响，② 雄厚的家庭资本，意味着家庭能为子女教育提供有力的资金、时间、氛围、资源、平台等支持，减少子女在教育经费保障、教育机会获得、教育氛围营造、优质教育资源获得等方面的后顾之忧，家庭经济困难的学生则需背负较为沉重的经济负担和心理压力。与非贫困本科生相比，贫困本科生不仅在经济资本上处于弱势地位，而且在文化资本上处于不利地位，如生活中涉及的聊天内容、兴趣爱好等会让贫困本科生感到苦恼。③ 不少贫困本科生自尊心较强，不愿提及家庭条件，不愿接受他人帮助，甚至害怕他人的同情，自愿寻求资助的意愿不强。

有实证研究发现，对家庭经济困难大学生的资助，有利于其德行、人力资本和就业能力的发展，获得国家奖学金、励志奖学金、国家奖助学金以及

① 李曼，王磊．民办教育分类管理如何制度化：基于新制度主义视角 [J]. 教育与经济，2018(6): 79-85.

② 高敏．家庭资本对高等教育机会获得的影响研究 [D]. 重庆：西南大学，2017.

③ 秦惠民，李娜．农村背景大学生文化资本的弱势地位：大学场域中文化作为资本影响力的视角 [J]. 北京大学教育评论，2014 (4):72-88.

勤工助学岗位，能显著提高大学生的学业成绩和综合素养。[①] 这需要特别关注经济困难学生，给予其必要的经济援助和心理支持，满足其“有学上”“上好学”的诉求。同时，立足民办高校学生的实际需要，动态调整奖助体系，灵活采用经济援助和非经济援助相结合的奖助方式，关心经济困难学生的“被尊重”需要，减轻家庭经济困难学生的学习生活负担，提高其学习能力、就业能力，为学生升学、就业或创业做好充分准备。

三、促进利益主体共担成本

政府、社会等主体在享受民办高等服务产品的同时，理应主动分担民办高等教育服务成本。与公办高等教育不同，民办高等教育是由国家机构以外的社会组织或者个人利用非国家财政性经费举办的；民办高校的成本分担包括出资人出资、学生个人出资、社会与政府出资三部分。当前，我国民办高等教育的成本分担机制尚不健全，尚未形成公共财政、民办高校、社会和个人共同分担的机制，加之学生学费是民办高校的主要经费来源，不少民办高校只能通过提高学生学费来保证办学收支平衡，减少办学成本压力。

各方需深化民办高等教育成本共担的认识，协力构建各方共担成本、尽职履责的良性机制，不断提高学生奖励资助权益保障水平。其一，各级政府贯彻落实民办高校学生同等资助政策，依法落实民办高校学生助学贷款、奖助学金等政策，建立健全助学贷款业务扶持制度，提高家庭经济困难学生获得资助的比例，着力减少学生的学习生活负担和思想顾虑，帮助学生有效完成学业、就业或创业。其二，民办高校完善奖助学金评选、发放、评估机制，将至少 5% 的学费收入用于学生奖助，综合利用社会团体、企事业单位和个人捐助资金，不断优化奖助学金评选标准、奖助内容及管理机制。其三，有条

① 曲绍卫，汪英晖．大学生资助对德育水平、学业成绩和就业质量的促进作用 [J]. 中国高等教育，2018(5):24-26.

件的企事业单位、社会第三方组织可通过设立民办高校专项奖学金等资助方式，助力民办高校学生发展。

第二节　奖励资助权益保障的现状和成因

基于奖励资助权益保障的理论模型（含奖助范围、奖助力度和奖助结果3个二级维度）及各维度的保障水平，结合文本材料分析发现，民办高校学生奖励资助权益保障存在奖助范围有限、名额分配失衡、奖助发放失范等问题，这与公共财政支持力度有限、学生奖励资助需求较为旺盛、民办高校奖助管理机制不健全等因素密切相关。

一、奖助类别较为丰富，奖助覆盖范围有限

由奖助范围权益保障的理论模型可知，奖助范围权益包含3个指标，各指标均值与变异系数如下：

表20　奖助范围权益保障各指标均值表（N=16 305）

指标	均值 (M)	标准差 (SD)	变异系数 (CV)
学校的勤工助学岗位多	3.08	0.979	0.318
学校的专项奖学金类型多	3.06	0.973	0.318
您认为奖助学金的覆盖面广	2.99	1.002	0.335

调查发现，民办高校学生奖助范围权益（M=3.04，CV=0.289）处于中等水平，结合访谈分析发现，学生奖助类别较为丰富、奖助类型较多，但奖助覆盖范围有限，奖助覆盖面有待扩大，奖助规范性有待增强。

（一）奖助类型较为丰富

在学生奖助学金的类别方面，民办高校学生享有与公办高校学生同等的国家级奖助学金申请资格，基本能享受国家奖学金、国家励志奖学金、国家助学金、国家助学贷款奖补金、应征入伍资助等国家级资助。“学校的专项奖学金类型多”和“学校的勤工助学岗位多”的均值（见表20）分别为3.06、3.08，表明民办高校奖助类型达到中等水平，学生基本能获得学校奖学金、校友奖学金和勤工助学金等校级奖励。访谈中，有学生提到以下情况：

“在奖学金的类别方面，我觉得民办高校和公办高校没有太大差异，公办高校有的国家奖学金、助学金、励志奖学金，我们学校也有。”（东部ZS职业学院学生，201805）

“在国家奖学金、国家励志奖学金方面，我们民办和公办是一样的。除此之外，我们校长还设置了杨文奖学金，一些校友创业成功后，为了感谢学校，设置了专门的奖学金来资助学习优异的同学，比如张宝松·艺馨奖学金。”（东部YC学院学生，201804）

“我们学校的实验室和体育组的办公室有勤工助学岗位，和校外的兼职一样。”（东部ZS职业学院学生，201805）

“我们学校有对贫困学生的资助，会给一部分或者说几天的食堂饭票，要是特别贫困，放假时会给报销往返的车费。”（东部WS学院学生，201805）

（二）奖助覆盖范围有限

民办高校学生奖助覆盖范围相对不全，奖助学金的名额相对不足，校内勤工助学岗位量有待扩大。“奖助学金的覆盖面广”的均值（见表20）仅为2.99，表明民办高校奖助学金的覆盖面有限，较难满足学生的被资助诉求。访谈发现，多数民办高校的勤工助学岗位供不应求，仅有少部分品学兼优、家庭经济困难的学生享有机会，这与公办高校学生形成鲜明对比。相比较来看，某直辖市高水平公办高校家庭困难学生担任勤工助学岗位的比例在 50% 到 60% 之间，近一半的勤工俭学岗位是由非家庭经济困难学生担任。① 此外，民办高校勤工助学岗位职责多是打扫卫生、整理仪器等体力劳动，学生往往只能得到单一的物质回报。勤工助学的教育功能缺位，难以有效促进学生德、智、体、美、劳全面发展，在很大程度上背离了资助育人的初衷。访谈中，有学生和辅导员老师提到以下情况：

"勤工助学岗位主要针对家庭贫困学生，虽然名额不是太多，但多少会减轻一点我们的家庭负担。"（东部 WF 工商职业学院学生，201804）

"我们专业的勤工助学，主要是帮忙打扫一下实验室，整理一下实验器材。"（东部 ZS 职业学院学生，201805）

"勤工助学岗位主要分布在食堂、后勤等部门，学生也愿意做，因为能解决吃饭的问题。"（中部 DF 学院辅导员，201711）

公共财政对民办高校的支持力度不够，是影响民办高校学生奖助范围的重要因素。访谈发现，省域层面的民办高等教育财政支持力度不大，学生资助的公平性、连续性、稳定性仍有较大提升空间。这主要由公共财政支持的认识偏差所致，有的教育行政人员将公共财政等同公办教育财政，把民办高校学生应得的资助权，等同于民办学校和公共财政的关系。②

譬如，东部某计划单列市曾给当地民办高校 3 000 万 / 年的生均补贴，近两年突然以各种理由叫停，影响了办学经费和学生资助的持续性。东部某省仅给紧缺专业学生一定的生均拨款补助，绝大多数学生无法享受到政府规定的普通高校最低生均补贴。③ "各地教育局的奖助部门在分配奖助学金时，公办、民办教育的总额就不一样，民办的比例明显低很多。"（东部 CJ 大学

① 郑颖．勤工助学薪水不如小时工，困难学生难买账 [N]. 北京青年报，2018-10-13.

② 吴华，胡威．公共财政为什么要资助民办教育？[J]. 北京大学教育评论，2012(2):43-55+188.

③ 肖碧云．民办高等教育的公共财政扶持政策的研究——以福建省为例 [J]. 内蒙古财经大学学报，2018(3):16-19.

财务处处长，2018）。长期以来，部分民办高校管理者和研究者都在积极倡导学生同等资助政策，推动落实非营利性民办高校学生同等生均拨款政策，提高民办高校学生的法律地位，努力发展“公平而有质量的教育”。从各地出台的《关于鼓励社会力量兴办教育　促进民办教育健康发展的实施意见》及配套政策来看，绝大多数省份都将“保障非营利性民办学校师生与同级同类公办学校师生的权益”作为重要内容，强化了各级教育行政部门的监管责任，明确了民办高校的公益性办学导向。随着地方分类管理改革配套政策的细化与完善，民办高校学生的奖助权益有望得到有效保障。

二、奖助力度一般，奖助名额分配失衡

由奖助力度权益保障的理论模型可知，奖助力度权益包含 3 个指标，各指标均值与变异系数如下：

表 21　奖助力度权益保障各指标均值表（N=16 305）

指标	均值（M）	标准差（SD）	变异系数（CV）
您认为助学贷款的数额足够	3.17	0.910	0.287
您认为评奖评优的机会多	3.03	0.972	0.321
如果需要，您能顺利申请到助学贷款	3.33	0.953	0.286

调查发现，民办高校学生奖助力度（M=3.18，CV=0.249）处于中等水平，结合访谈分析发现，学生奖助学金的数额不多，奖助力度较难满足学生实际需要，奖助名额与学生数量不够匹配。

（一）奖助力度一般

民办高校学生奖助力度一般，难以有效满足学生尤其是家庭经济困难学生的诉求。“如果需要，您能顺利申请到助学贷款”的均值（见表 21）为

3.33，说明家庭经济困难学生基本能顺利申请到助学贷款，而“您认为助学贷款的数额足够”的均值（见表21）为3.17，表明助学贷款仍不能有效满足学生的实际诉求。访谈发现，不少民办高校学生的家庭经济条件一般，奖助学金虽能帮助改善生活条件，却不能有效发挥奖助的“济困”作用，面对高额的学费负担，不少经济困难学生只能参加校外兼职，弥补学习生活费用开支缺口。访谈中，有学生和管理者提到以下情况：

“我们学校学生除了上课、参加社团活动，就是出去兼职。”（西部PH学院学生，201709）

“勤工助学一般是按小时给补助，每小时17块钱，这还算是比较高的了。因为事情不是很多，一个月也就能干20多个小时，能拿200到500块钱，可以补贴一下我们的吃饭费用，这也是一个很大的帮助吧。”（东部TH学院学生，201804）

“像青年志愿者协会社团，平时组织活动都有学校的支持，但像我们这种兴趣爱好型社团，就没有什么支持，平时演出购买服装或者其他开销，基本上是我们自己想办法。”（中部ZZ科技学院学生，201711）

“我们学校的学工处中午也会有学生志愿者值班，从早上8点到晚上8点，一直有人值班。这项工作会给学生一些补贴，算是勤工助学，一个小时10块钱，都是按照国家规定执行的。”（东部WXTH学院学工处处长，201804）

（二）奖助名额与学生数量不匹配

民办高校学生奖助名额与学生数量比例失调，国家奖助学金的名额与学生数量不匹配，政府奖励资助的资助名额不多。“您认为评奖评优的机会多”的均值（见表21）仅为3.03，民办高校学生的评奖评优机会有限。访谈得知，多数民办高校的学生奖励资助名额紧张，学生获得资助的机会相对较少，难以持续激励品学兼优学生奋发勇为，更难以兼顾经济困难学生的经济需要和心理诉求。访谈中，有教师提到以下情况：

“我们学校隔壁就是 XY 师范学院（与该校层次相近的地方普通公办高校），他们两千学生的院系，都有 2—3 个国家奖学金名额，而我们学校在校生两万三千人，整个学校才有 3 个名额，这就是差距。因为名额少，我们更要严格管理，假如出事的话，可能还会影响这些名额的发放。”（中部 XY 学院学工处处长，201811）

必须承认的是，一些高水平民办高校形成了类型丰富、方式多样的学生奖助体系，以物质帮扶与精神激励相结合的资助原则，设置了层次多样的学业奖学金和丰富多样的文艺、科技、体育等单项奖学金，学校奖助学金的数量充足、数额较大、发放合理。例如，中部某民办高校 70% 的学生能获得奖励资助，既有效激励了学习成绩优异的学生，也尊重了学生的兴趣爱好与特长。访谈中，有老师提到以下情况：

“学校层面也有奖学金，叫学业奖学金，分一等奖、二等奖、三等奖、四等级四个等级，分别是 2 000、1 000、500、200。还有十几个文艺、科技、体育等单项奖学金，每项 300 元，主要奖励各个领域各个方面有特长的学生，这也体现了我们学校分类人才培养的理念。在每年新生入学时，我们会将所有学生的高考分数排名，位于前百分之多少的学生给予奖励，用的是校长基金，一等奖能拿 1 万或者 2 万，基本能覆盖第一年的学费。”（中部 XY 学院辅导员，201804）

学生的奖励资助需求较为旺盛、求学成本相对较高，是民办高校学生奖助力度相对不够的重要原因。本研究中 80.4% 的样本学生来自农村和乡镇，66% 的学生父母学历为初中及以下，说明民办高校学生的家庭经济情况尚不乐观，对高额学费的承受力不强。

据不完全统计，民办高校的学费一般在 1.5 万元 / 学年以上，有的院校和热门专业学费高达 3 万元 / 学年；大部分公办本科的学费不超过 8 000 元 / 学年，这无疑给普通家庭尤其是经济困难民办高校学生带来沉重的经济负担。访谈发现，并非所有学生都能如愿申请到助学贷款，有的学生面临沉重的经济负担，甚至有学生出现了矛盾心理：既极力对“高昂学费”“奖励资助不力”等现象进行合理化解释，又希望得到更公平、更有效的奖助学金。访谈中，有辅导员老师和学生提到以下情况：

“学生的家庭经济情况都比较一般，和公办高校差不多。很多家庭经济条件都很差，父母都是工人或农民。”（东部 HH 学院辅导员，201711）

“公办学校的经费，国家拨的钱多一点，但我们民办学校，国家拨的钱很少，但学校还要维持正常运转，要建图书馆等各种设施，办学经费只能来自学费，花费的费用甚至比收取的学费还高。”（东部 YC 学院学生，201805）

“我们一学期的学费是一万八千左右，稍微有点贵，但大家都知道，这也没办法，国家给公办高校的支持比较多。”（东部 YC 学院学生，201805）

三、评选流程较为严格，奖助制度化有待增强

由奖助结果权益保障的理论模型可知，奖助结果权益包含 3 个指标，各指标均值与变异系数如表 22。

表 22　奖助结果权益保障各指标均值表（N=16 305）

指标	均值 (M)	标准差 (SD)	变异系数 (CV)
您和同学都有奖学金	2.59	1.054	0.407
获奖的学生能如期收到奖助学金	3.46	0.898	0.260
获奖的学生能足额收到奖助学金	3.48	0.880	0.253

调查发现，民办高校学生奖助结果（M=3.17，CV=0.240）处于中等水平，结合访谈分析发现，奖助评选流程较为严格，奖助学金发放基本到位，但奖

助发放的规范化程度有待提高。

（一）奖助评选流程较为严格

民办高校学生较为认同奖助学金的评选流程，表示基本能按规定获得国家奖助政策优待。访谈发现，多数民办高校尤为珍视、重视政府的财政支持，也颇为看重社会评价与学校声誉，因此能较好落实国家奖学金、助学金、助学贷款等政策，努力实现奖助评选过程的公平、公正、透明，切实维护学生奖励资助权益。访谈中，学校管理者、辅导员老师和学生提到以下情况：

“我们的奖励资助完全按照国家的规定执行，只有比国家的规定更严格，没有很随意的情况，对民办高校来讲，既然国家给予了支持，我应该更加认真地去执行。当然，如果民办高校在这方面出了问题，产生的负面影响也会远远大于公办高校。”（中部 XY 学院学工处处长，201806）

“现在的学生很现实，有的学生学习成绩很好，但综合表现不是太好，如果把国家奖学金、助学金、学校奖学金发给这种学生，其他学生都会有一些看法。”（中部 ZZ 工商学院辅导员，201811）

“我们民办高校评奖评优环境比公办高校好很多，评奖评优环节执行得非常严格，并不是辅导员想给哪个同学就给哪个，而是要经过全体学生的评议，并且这个评议需要层层推进。”（东部 HH 学院辅导员，201709）

“奖学金评选出来之后，会在班级公示，公示时间一般是 3 到 6 天，上面有投诉电话，如果你有什么疑问，可以找负责老师。如果没有问题，就让我们提供银行卡信息，钱就直接打到银行卡上。国家励志奖学金 5 000 元是一次性发的，助学金是分两批，一次 1 500 元，但也是统一到账。如果到账了，会通知我们注意查收。”（东部 NS 学院学生，201805）

（二）奖助制度化有待增强

虽然民办高校师生及管理者认为自身的奖助学金评选较为严格，但与公办高校相比，不少民办高校缺少规范化、常态化的贫困生认定与发放办法，导致奖助学金尤其是国家助学金的评选中，存在奖助学金评选标准模糊、认定方法简单、认定方式随意等问题，一定程度上影响了奖助学金精准资助、济困扶志功能的发挥。此外，有的民办高校二级学院私自制定“轮流评选”“名额按年级定向分配”等规则，有的民办高校以“补贴困难学生”“奖励优秀新生”为由，违规挪用或分割学生奖助学金，有的民办高校未主动发放学生的应征入伍补贴和直招士官补助，出现“学生不主动要，学校不主动发”等情况；有的民办高职院校出现延迟发放、冒名顶替、非法挪用国家奖助学金现象，学生奖助结果权益受到一定侵害，难以足额、及时收到奖助学金。访谈中，有教师提到以下情况：

“学生的‘过度消费’会影响学生的资助评选，有的学生会有高消费行为，比如买名牌手机、吃高档食品、买高档衣服等，高校将这些行为当作是否给予资助、给予多少资助的评判标准，但这种办法是否合理，需要商榷。”（中部 DLMZ 学院学工处处长，201811）

“一般而言，获奖的学生都能在本学期拿到奖助学金，民办学校也能遵照法律法规做好奖助学金的发放工作，但在办学经费紧张的情况下，奖助学金有时拖到第二学期发放。”（东部 CJ 学院财务处处长，201812）

“现在国家要求民办高校拿出 5% 的办学经费资助学生，这必然面临奖助发放金额的问题。公办高校的钱主要来自国家，民办高校则是直接切他们自己的蛋糕，到底切多少给学生是个问题，比如家庭困难学生认定多了，自然切得就多，实际发放的也就多了。”（中部 DLMZ 学院学工处处长，201811）

民办高校奖助管理机制不健全是学生奖助成效水平不高的重要原因。相比较来看，公办高校能通过政府财政等获得稳定的资金，还有多种类型的校办产业收入及非学历教育收入，不必担心办学经费不足等问题；而民办高校的教育成本补偿渠道单一，主要来源于学生的学费和学杂费，一些民办高校无暇顾及学生奖助需求，对奖助工作的重视度不高，奖助评选、发放的规范化程度不高。一些民办高校为压减办学成本，将管理人员规模控制在最低限度，学生奖助工作任务由授课教师兼职完成，他们对学生情况掌握不深不透，有效的做法没有及时固化为连续性的制度机制，影响了奖助管理工作的科学化水平。

第三节　奖励资助权益保障的优化路径

面对民办高校学生奖励资助权益保障的诉求、现状与成因，需树立公平扶持的资助理念、落实同等资助政策，健全家庭经济困难学生信息认定机制，做到“精准资助”。此外，也需提升奖助的专业化水平，优化奖助管理机制，切实保障学生奖励资助权益。

一、全面落实同等资助政策，拓展奖助资金来源

公共财政同等支持民办高校学生，符合公共政策的“公共利益”导向。不少民办高校管理者一直在呼吁落实“同等生均拨款”政策，建议优先确保非营利性民办高校学生享有和公办高校学生同等的生均拨款，切实保障民办高校学生的同等法律地位。实践中，浙江、重庆等地民办高校基本能同等享有财政补助、土地及税收优惠、融资、招生等权利，重庆、陕西民办高校学生基本能获得和同级同类公办高校学生同等的生均补贴，重庆市民办本科生均补贴 2 000 元 / 年，江苏省设立了民办高等教育专项资金。公共财政支持民办高校，具备理论合法性与实践可行性。

（一）全面落实同等资助政策

民办高等教育属于公共产品、准公共产品，还是私人产品，学界尚有一

定分歧。民办高等教育无论属于何种公共产品、能提供何种服务，都是中国特色社会主义教育事业的重要组成部分。与公办高等教育相比，民办高等教育在微观层次上向学生提供的教育产品没有区别，而且民办高等教育能以更少的公共资源为学生提供同样的教育产品，民办高等教育的公共资源利用效率相对较高，能极大减轻政府的财政负担。保障民办高校学生的同等资助政策，看似是公共财政向民办高校的单向流动，实则是利益相关者的互利共赢。

一方面，地方政府需加紧细化地方性的民办教育法规，使民办高校学生同等资助政策有法可依。在深入推进民办教育分类管理改革之际，地方政府应紧紧围绕“依法支持民办教育发展”的总体思路，加紧研制出台地方性民办教育法规，完善地区性民办高等教育政策，因地制宜地制定配套措施，细化以学生资助为核心的财政支持政策，切实保障民办高校学生奖励资助权益。

另一方面，建立区域性的民办高等教育联动机制。发挥教育行政部门的牵头作用，解除地方财政部门、人力资源社会保障部门、民政部门等的顾虑，会同相关部门将民办高校学生统一纳入大学生资助范畴，统筹考虑、稳步推进、平等资助、防范风险，逐步释放政策红利，保障民办高校学生同等资助权益。

（二）多渠道拓展奖助资金来源

当前，我国民办高校学生资助的不平衡问题依然突出，主要表现为两点：一是资助来源渠道较为单一，政府财政拨款比例不高，多元主体共同资助的格局尚未形成。二是民办高校学生资助深受马太效应影响，高水平公办高校更受政府、社会、个体青睐，能获得丰厚的奖助学金支持，而民办高校学生能享受的资助待遇不足，难以满足学生多样化的需要。须激发利益主体参与资助的积极性，多渠道拓展奖助学金来源。

一方面，发挥政府的统筹协调作用，鼓励利益相关方参与民办高校学生奖助。为民办高校与投资方搭建平台，鼓励民办高校建立基金会等资金管理机构，专门筹集、分配和管理资金，确保学生奖助学金的合理比例。加紧完善奖助配套政策，通过直接的学生奖助、间接的学生服务等多种形式，丰富奖助类型，形成多元主体共同资助的帮扶机制。

另一方面，发挥民办高校体制机制优势，多渠道拓展学生奖助资金来源。进入分类管理新时期，更多民办高校举办者开始超越投资回报的办学思维，[①] 营利取向逐渐淡化，教育情怀日益彰显，[②] 逐渐形成了市场性和公益性相融合的独特机制。须发挥好民办高校面向市场、机制灵活、贴近行业的优势，广泛吸引社会资本设立专项奖助学金，资助民办高校学生，增加社会捐赠、校友捐赠、投资增值、企业合作等资金来源的比重，丰富学生奖助类型，增加奖助学金总量。

二、健全经济困难学生认定机制，增强奖助体系契合度

2019 年 4 月 2 日，教育部取消“高校学生申请资助时需由家庭所在地乡、镇或街道民政部门对学生家庭经济情况予以证明”的规定，改为申请人书面承诺。[③] 这为家庭经济困难民办高校学生的奖助申请提供了极大便利，有助于减轻其申请的思想顾虑，让他们更主动地申请助学金和助学贷款，顺利、有效地完成学业就业。民办高校需按照新政策要求，进一步简化家庭经济困难学生的申请程序，不断健全家庭经济困难学生认定机制，坚持助困与育人相结合的基本原则，增强奖助体系与民办高校学生学情的契合度，确保有需要的学生获得及时、足额的资助，实现精准资助目标。

---

① 李虔．论中国民办高等教育发展的逻辑转向[J]．东北师大学报（哲学社会科学版），2018(4):190-194.

② 周海涛，闫丽雯．我国民办教育发展的动向和思考[J]．教育发展研究，2016(17):74-78.

③ 教育部．关于取消一批证明事项的通知[EB/OL].(2019-04-02)[2019-04-04].http://www.moe.gov.cn/srcsite/A02/s7049/201904/t20190423_379235.html.

（一）健全家庭经济困难学生认定机制

家庭经济困难学生认定是民办高校资助工作的第一步。能否精准识别家庭经济困难学生，给予其必要的物质资助和及时的精神关照，关系到民办高校学生的学习生活质量。

一方面，加强部门间信息互通，建立健全家庭经济困难学生认定办法。本研究发现家庭所在地和父母学历水平影响民办高校学生的权益保障水平，城市学生的权益保障水平高于农村学生，父母学历为高中的学生奖励资助权益水平高于父母学历为初中的学生，说明学生家庭社会经济地位对学生奖助工作具有重要参考价值。须建立由学生工作分管领导、辅导员、学生代表等组成的学生资助认定工作小组，研制家庭经济困难学生认定标准，在尊重学生隐私的前提下，掌握学生家庭所在地、父母最高学历、年收入等基本信息。主动对接民政、残联、扶贫等部门，借助全国学生资助管理信息系统，间接了解学生的家庭经济情况，保护学生隐私，有效识别家庭经济困难学生，确保奖励资助的实效。

另一方面，建立家庭经济困难学生资助信息更新与管理系统。借助大数据的信息搜集、比对、筛选等功能，建立专门的学生信息管理系统，详细记录学生吃饭、超市零食、日用品等各类在校消费，结合家庭经济条件、特殊群体、突发状况等因素，统计学生消费情况，动态更新学生资助信息。建立以辅导员为实施主体的学生信息动态更新工作体系，在保护学生自尊与隐私的前提下，密切关注家庭变故学生的心理状态和就学压力，及时更新学生信息，给予学生必要的物质帮扶和心理辅导，帮助其渡过难关。

（二）构建特色化、契合度高的奖助体系

按照“效率与公平”“有偿与无偿”的标准，大学生奖助体系可分四类：“无偿－效率”型，主要面向德智体美劳全面发展的品学兼优学生，兼具物质和精神奖励双重属性，如国家奖学金和国家励志奖学金；“有偿－效率”

型，旨在让学生通过有偿的劳动付出获得相应报酬，如勤工助学；“无偿－公平”型，面向所有学生尤其是贫困学生，旨在解除贫困生受教育负担，促进教育公平，如国家助学金、困难补助等；“有偿－公平”型，要求学生优先履行一定年限的基层就业、服兵役等义务，如大学生应征入伍补助、基层就业补贴、公费师范生教育、助学贷款等。①

一方面，立足学生多元诉求，构建特色化的学生奖助体系。面对学生的多元诉求，民办高校需自觉承担起奖助管理职责，构建符合学生学情的奖助体系，根据学校办学资金总量和奖助管理规定，不断优化奖助学金类型、结构和方式。主动加强与企业、社会公益组织等部门的协作，通过校企合作、产品互通、信息共享等方式，吸纳社会组织设立民办高校学生资助项目，不断巩固合作基础，提高社会资本资助民办高校学生的积极性。

另一方面，关注学生群际差异，增强奖助体系的契合度。本研究发现，不同家庭资本、社会资本和文化资本学生的奖助权益保障水平存在显著差异，大三和大二学生奖助权益保障水平皆高于大一学生，第一志愿学生奖助权益保障水平高于非第一志愿和调剂学生，父母最高学历为高中的学生奖助权益保障水平高于父母学历为初中及以下的学生。需关注学生学习基础、家庭资本、兴趣特长等方面的异质性，坚持济困与扶志并举，完善物质支持和精神激励相结合、直接资助和间接资助相辅助的奖助体系，更好契合不同民办高校学生的多元诉求，提升学生发展效能。

三、提升奖助管理专业化水平，加大监管工作力度

当前，民办高校学生奖助管理的制度化建设亟待加强，从优化奖助管理机构职责、提升奖助工作人员专业素质、加强奖助监管机制等方面寻找突破口，构建奖助管理新机制，切实保证学生奖助工作的成效。

---

① 胡二坤．改革开放四十年大学生资助政策体系的演变与发展[J]．当代教育科学，2018(11):55-59.

（一）提升奖助管理专业化水平

本研究发现，民办高校学生奖助管理的规范化程度不高，出现奖助评选标准不一、奖助学金发放不及时、奖助发放额度不足等问题，极大影响了学生奖助工作的成效。同时，一些民办高校没有专门的资助服务中心，有的奖助服务机构功能较为单一，导致奖助管理工作系统化不够、奖助服务不到位，亟须加强奖助管理专业化水平。

第一，加强民办高校奖助机构标准化建设。充分发挥省级教育行政部门的统筹协调能力，总结民办高校学生奖助机构优秀建设单位经验，适度推广先进、可行经验，为民办高校奖助管理机构标准化建设提供样板。

第二，搭建地方性的高校学生奖助管理平台。建立与地区民办高校学生奖助工作实际相适应的奖助管理平台，对接全国学生资助管理中心，统筹管理当地民办高校学生奖助工作，定期开展地区性的民办高校学生奖助政策宣传、培训和咨询活动，指导、督促民办高校依法做好校内奖助工作，严格执行奖助学金评选、发放和管理制度。

第三，全面提升奖助管理人员专业水平。将民办高校奖助工作人员纳入当地奖助管理人员培训中，加强对奖助工作人员的服务意识和业务能力培训，令其全面掌握奖助政策精神，制定科学、合理的奖助管理办法，更好地应对新媒体时代对大学生奖助工作带来的挑战。同时，从奖助人员选拔、日常考核、培训等环节提升民办高校资助人员专业水平，全面强化奖助人员的政策素养、服务能力。

（二）加大奖助的内外部监督力度

根据中央和各地的政策规定，民办高校应从学费收入中提取不少于5%的资金，用于奖励和资助学生，民办高校学生同等享受国家助学贷款、奖助学金等政策。这对民办高校奖助工作提出了明确要求，民办高校应优化奖助工作流程，足量、足额发放学生奖助学金，避免奖助失序给学生带来的负面影响。

一方面，增强奖助评选透明度，建立全过程公开、全员监督的评选流程。奖助评选缺乏有效的监督机制，是导致奖助评选失范的重要原因。民办高校须遵照奖助学金的规定额度、设置类别、发放程序，根据公开、公正、公平的工作原则，多渠道发布学生奖助学金评选通知，明确参评资格、参评要求、考核方法、结果公示等具体细则，通过班级信息群、信息布告栏等多种渠道公布奖助评选流程及结果，全程公开奖助评选流程。评选工作接受全体学生监督，及时回应学生意见，避免出现奖助发放滞后、奖助精准度不够、奖助效果不佳等问题，确保奖助评选、发放与管理的公正性。

另一方面，定期抽检学生奖助占学费收入的比例，建立民办高校奖助学金违规惩戒制度。加大对民办高校的财务监管力度，对于挪用、变相克扣国家奖助学金等行为，可缩减该校次年招生名额，纳入民办高校年度检查考核，并给予适当警告。将严重侵害学生奖助权益、造成不良社会影响的民办高校纳入“黑名单”管理，督促民办高校守住底线，依法依规开展学生奖助评选与发放工作，依法保障学生奖励资助权益。

第三章

福利优待权益保障分析

保障民办高校学生的福利优待权益，是促进民办高校学生共享社会福利与改革成果、实现社会公平正义的必然要求，是尊重民办高校学生身心健康发展规律、促进学生成长成才的应然之举。本章对标民办高校学生福利优待权益的内生诉求，根据定量调查和定性访谈结果，从社会福利和医疗服务权益两方面，探究民办高校学生福利优待权益保障的现状、成因，提出针对性解决策略。

第一节　福利优待权益保障的认知

一、学生能获得足够的社会支持

无论在社会地位上，还是身心健康状态上，民办高校学生皆面临着家庭、社会、政府等方面的不同等待遇，亟须优化社会支持系统，给予其足够的物质帮扶、政策支持和观念认可。

一方面，增强民办高校学生的社会信心，需给予其足够的社会福利优待。调查发现，部分民办高校学生不仅面临着户籍、家庭社会经济背景等带来的社会不公平待遇，而且较难获得及时有效的物质支持和精神支持，这在一定程度上强化了其对社会不公正待遇的负面情绪，导致有些民办高校学生对自身的社会地位预期不高，对个人和社会发展的认可不强，信心相对不足。有调查发现，社会支持系统能有效提高城市青年的个人发展信心，[①] 物质生活的改善亦能有效提升青年人的阶层地位信心，[②] 需加大对民办高校学生的社会支持力度，优化对民办高校学生的社会支持方式，确保

① 刘程．城市青年的社会信心现状及其影响因素[J]．青年研究，2016(2):11–20+94.

② 雷开春．青年人的阶层地位信心及其影响因素[J]．青年研究，2015(4):1–9+94.

其能获得与同级同类公办高校学生同等的社会福利，弱化不良情绪，增强社会信心。

另一方面，民办高校学生处于相对弱势地位，需给予其足够的社会支持。与公办高校学生相比，民办高校学生的地位相对不高，有些民办高校学生学业成就、人际交往能力和社会适应能力弱，有的学生情绪稳定性不高、积极情感不足、压力应对能力相对不强；[①] 处于相对弱势地位的民办高校学生，易产生受教育过程的陌生感与无助感，甚至产生教育交往中的拒斥感等；[②] 尤其当他们认识到了自身文化与主流文化相斥、感知到发展地位得不到足够重视时，极易产生自我放弃心态。[③] 鉴于此，需密切关注民办高校学生的身心发展和心理健康状态，给予其足够的社会支持，帮助其树立生活信心、增强学习信念、同享社会资源。

二、学生基本医疗需求能得到满足

让民办高校学生获得与公办高校学生同等的医疗保险待遇、提升其身体健康水平，是国家医保制度的基本要求，更是践行国家青年发展规划的必然之举，须多措并举，协同满足民办高校学生的基本医疗需求。

一方面，享受基本医疗保障是民办高校学生的基本权利。2008 年实行的《国务院办公厅关于将大学生纳入城镇居民基本医疗保险试点范围的指导意见》等文件已明确规定，民办高校学生应被纳入当地城镇居民医疗保险，不再区分民办和公办高校，同一地区的学生都可以享受政府同样的财政补贴和同等的基本医疗保险待遇。[④] 地方政府需要充分认识到保障民办高校学生基本医疗需求对保障其就医权益的重要意义，将民办高校学生医疗权益保障列

① 胡弼成，杨晓睿，周珍．守正培根：处境不利学生教育补偿的指向[J].湖南师范大学教育科学学报，2018(2):26–30.

② 杨晓睿．城市处境不利学生的教育情境感知及积极品质培养研究 [D]. 长沙：湖南大学，2016.

③ 布尔迪约，帕斯隆．继承人——大学生与文化 [M]. 邢克超，译．北京：商务印书馆，2002:5–31.

④ 袁新文．民办大学学生纳入城镇居民基本医疗保险体系 [N]. 人民日报， 2009-04-09.

入重要工作日程，引导民办高校落实政策要求，积极配合劳动保障、财政、教育、卫生等部门，为学生就医权益的实现提供便利，大力提升校内医疗服务质量，不断提高学生健康水平。

另一方面，提升青年健康水平是国家《中长期青年发展规划（2016—2025 年）》的重要目标之一。《中长期青年发展规划（2016—2025 年）》明确提出了“青年健康”的发展目标，要求持续提升青年营养健康和体质健康水平，到 2025 年，青年体质达标率不低于 90%；有效控制青年心理健康问题发生率，大幅提升青年心理健康辅导和服务水平。① 这就需要加强规划引导，促进政府、高校、社会组织等各方协同施策，各司其职、各负其责，共同落实好大学生医疗保险政策要求，切实做好民办高校学生参保手续办理、看病就业服务管理、参保组织动员等各项工作，共同营造有利于民办高校学生身体健康发展的良好环境。

第二节　福利优待权益保障的现状和成因

基于福利优待权益保障的理论模型（含社会优待权益和医疗服务权益 2 个二级维度）及各维度保障水平，结合文本材料发现，民办高校学生社会优待基本普及、医疗保险优惠基本实现，但社会优待政策有待落实落细、校级医疗服务质量有待提高，这主要是由政府部门对社会保障服务范围和民办高校属性的认识不一、民办高校的医疗保障服务职责缺位等引起的。

① 新华社．中共中央 国务院印发《中长期青年发展规划（2016 — 2025 年）》[EB/OL].(2017-04-13)[2019-04-30].http://www.gov.cn/zhengce/2017-04/13/content_5185555.htm#3

一、社会优待基本普及，社会优待政策需要落实落细

由社会优待权益保障的理论模型可知，社会优待权益包含 3 个指标，各指标均值与变异系数如下：

表 23　社会优待权益保障各指标均值表（N=16 305）

指标	均值 (M)	标准差 (SD)	变异系数 (CV)
您能享受到寒暑假火车票等优惠	3.74	0.953	0.255
您能享受到日常交通（如公交车 / 地铁）等优惠	3.18	1.061	0.334
您能享受到旅游景点门票等福利优待	3.66	0.916	0.250

调查发现，民办高校学生社会优待权益（M=3.53，CV=0.226）处于中等水平，结合访谈分析发现，民办高校学生社会优待基本普及，学生基本能获得交通补贴、旅游景点门票优惠等社会优待，但社会优待政策的协同性有待加强。

（一）社会优待基本普及

民办高校学生基本能享受旅游景点门票、日常交通优惠等社会优待，社会优待政策的覆盖面较高。“您能享受到旅游景点门票等福利优待”和“您能享受到寒暑假火车票等优惠”的均值（见表 23）分别为 3.66、3.74，表明民办高校学生基本能获得旅游景点门票、日常交通优惠等社会优待，学生对社会优待的满意度较高。访谈中，有学生提到以下情况：

“基本的权益我们应该都享受到了，教育、生活补助、医疗社保，还有火车票优惠减免，都有。”（东部 WF 工商职业学院学生，201804）

“只要承认学生证的景区，我们都能享受半价优惠。有的景区旅游条例是没有大学生票这一项的，不发放学生票，只有儿童票、成人票和老年票。”

（东部 WS 学院学生，201806）

（二）社会优待政策需要落实落细

调查发现，民办高校学生社会优待政策的协同性仍需加强。一方面，民办高校学生社会优待政策的范围受限，主要局限在特定时间的交通优惠、旅游景点优惠等，无法同等获得就业补贴、创业补贴、社会公益组织援助等配套优待政策。此外，学生交通优惠仅能在寒暑假特定时间、生源地和学校所在地的特定区间、火车或汽车等特定交通方式、往返出行次数内享受优待，超过限定范围便无法切实享受。民办高校的生源主要来自本省，选择火车出行的学生不多，无法切实享受到日常出行的社会交通优惠，“您能享受到日常交通（如公交车／地铁）等优惠”的均值（见表 23）为 3.18，说明学生日常交通等优惠的保障力度不够。有同学提出：“我的很多同学都是本省的，如果不坐火车就享受不到这些优惠，希望在其他方面也能提供一些政策上的补助。”（东部 YC 学院学生，201806）

另一方面，社会优待政策的覆盖面有待扩大，难以满足民办高校学生的多样化诉求。调查发现，虽然社会保障政策的服务对象是大学生群体，但民办高校大学生尤其民办专科院校学生难以享受到创业补贴等补偿性政策，同时，大学生社会优待政策无法广泛关照家庭经济困难学生、特殊需要学生等群体的多样化诉求。

政府部门对社会保障服务范围和民办高校属性认识不一，是造成民办高校学生社会优待保障实效性不佳的重要原因。一方面，有的政府部门对社会优待政策的服务对象认识片面，只看到民办高校的私人产品属性，忽视了民办高校的准公共产品属性，导致大学生福利优待主要向公办高校学生开放，民办高校学生的社会优待权益得不到充分实现。另一方面，不同政府部门对大学生社会优待政策的解读不同，部门间的协同联动不够，较难形成民办高校学生社会优待权益同等保障的合力。有的部门认为，将社会福利资源向民办高校学生开放必然会降低财政资助效率，因此往往站在维持公共财政效率的立场，优先保障公办高校学生的社会优待。这种导向一定程度上影响了民办高校学生社会优待的持续性和稳定性。实际上，相对于公共部门直接提供准公共产品的模式，"由私人生产商生产公共产品，政府向私人生产商提供财政资助"的混合模式既能有效提升财政的使用效率，也能保持公共产品的均衡供给。① 社会福利资源向民办高校学生公平开放非但不会降低财政效率，反而能提高财政效率，保持社会公共资源的稳定供给。

二、医保优惠基本实现，校级医疗服务质量有待提高

由医疗服务权益保障的理论模型可知，医疗服务保障权益包含 3 个指标，各指标均值与变异系数如下：

表 24　医疗服务权益保障各指标均值表（N=16 305）

指标	均值 (M)	标准差 (SD)	变异系数 (CV)
您能享受到医疗保险规定的各种优惠	3.50	0.924	0.264
您能报销一定比例的医疗费用	3.47	0.932	0.269
特困生能享受到学校的医疗补助	3.46	0.911	0.263

调查发现，民办高校学生医疗服务权益（M=3.48，CV=0.239）处于中等水平，结合访谈分析发现，学生基本能享受医疗保险、医疗费用补偿等医疗保险优惠，但基本就医需求实现不足，校级医疗服务质量有待提高。

① 鲍威，王赫男．民办高校财政资助的制度设计及其成效评估——基于倾向值匹配估计的经验研究[J].高等教育研究，2018 (7):46-58.

（一）医疗保险优惠基本实现

民办高校学生基本能享受医疗福利，学生的就医权益基本落实。“您能报销一定比例的医疗费用”和“您能享受到医疗保险规定的各种优惠”的均值（见表24）分别为3.47、3.50，说明学生基本能享受到医疗保险优惠，学生的就业权益基本实现。

“我们学校会给我们交意外保险，我记得有一次我同学开车来的时候，手受伤了，还挺严重的，在医院也花了不少钱，我们老师就帮他申请保险，报销了不少。”（东部YC学院学生，201805）

此外，受医疗保险的属地参保特征、各地医疗事业发展进度不一、地区社会保障能力不同、各地医疗保险政策存异等因素影响，不同地区民办高校学生享受的医疗优惠不尽相同。调查发现，浙江、江苏等省民办高校学生已能享受和公办高校一样的公费医疗待遇，而山东、黑龙江等省民办高校学生只能自行购买商业保险，部分学生存有抵触心理，不愿购买医疗保险，学生的身心健康权益得不到有效保障。

（二）校级医疗服务质量有待提高

当前，民办高校的校级医疗服务质量有待提高，较难有效满足学生的基本就医需求。医务室是学生的主要就医渠道，但一些民办高校的医务室功能单一，存在基本功能缺失、诊断水平不高，医务人员较少、专业化水平不高、服务态度不佳，药品种类稀少、药品价格较高等问题，学生的基本就医需要都不能完全实现，更难以满足学生的紧急性需求。不少学生对学校医疗服务的便捷性、全面性提出了更高的期待。访谈中，有学生提到以下情况：

“前两天我上体育课时脚扭伤了，学校医务室说看不了，只能去外面的大医院看。”（东部WF工商职业学院学生，201804）

“校医务室特别小，只有一间，医生只会开一种药，还好生病的人没那么多。我们想去买一种药，但医务室就是没有，去外面买价格还是比较高。而且医生太少，希望学校能增加医生数量。”（东部 XY 学院学生，201805）

“去医务室买药可以享受 4 折优惠，但药品种类太少，无法满足我们的日常需要。如果有什么大病的话，学校会给报销，但报销流程长一点。”（东部 ZS 学院学生，201805）

此外，民办高校对学生的医疗补助力度不足，家庭经济困难学生较难得到医疗费用补贴。学校的医疗补助仍不能满足学生实际需求，家庭经济困难的患病学生面临较大的医疗费用负担，医疗费用的报销比例不高。“特困生能享受到学校的医疗补助”的均值（见表 24）为 3.46，亦说明学校的医疗补助力度不够，难以给予经济困难学生足够的医疗补贴。

民办高校尚未有效承担起学生医疗保障职责，是造成学生医疗保障水平不高的重要原因。当前，一些民办高校仍处于外延式的求生存阶段，扩充生源、规模升级仍是其主要关切，对学生医疗服务的重视程度和经费投入度不够，对学生医疗保障政策的宣传力度不足。访谈发现，学生对基本医疗保险的报销比例、个人缴费标准和报销程序等政策缺乏了解，导致学生购买医疗保险的意识不强，有的学生认识不到医疗保险对保障身体健康、减轻大病就医负担、保证学习生活质量等方面的防患作用，学生参与医保的比例不高，医疗保险尚未发挥出理想效果。有学生说：“医疗保险方面我不太明白，这个医保到底怎么报销，比如我们有时候去外面医院看病，他会问你是否交了医保，看病花的钱也不算少，拿药的时候可以用医保。有时候医生会告诉我们，这个医保是在学校里面买的，只能在学校里面用。”（东部 YC 学院学生，201805）

第三节　福利优待权益保障的优化路径

面对民办高校学生福利优待权益保障的认知、现状及成因，政府需发挥应有的规划引导职能，推动民办高校学生社会保障体系的一体化进程，还需压实民办高校的服务责任，扩大医保覆盖面，全面提升校内医疗服务水平。

一、加强政府规划引导，协同推进社保政策落地

针对政府部门对民办高校学生福利优待权益的不同解读，需在寻求各方认识最大公约数的基础上，发挥政府的社会保障主体责任，加强宏观引导和统筹协调，凝聚资本、政策、信息等各类资源，建立健全涵盖所有学生、权责清晰、执行有力的一体化社会保障体系，使民办高校学生同等受益。

（一）明晰政府的规划引导职责

本研究发现，政府部门对大学生社会福利政策的认识存在偏差，一定程度上忽视了民办高等教育的准公共产品性质，影响了民办高校学生福利优待权益的实现，亟须加强政府规划引导，转变部门思想认识，推动民办高校学生社会保障的一体化进程。

第一，明确政府职责。转变政府部门对民办高等教育的片面认识，逐步将社会福利政策向民办高校学生同等开放，给予其同等的社会福利待遇。需认真学习领会新《民促法》及配套措施的精神，站在促进高等教育公平、维护社会公平正义的战略高度，尊重民办高校学生的同等法律地位，明确其享有同等的福利优待权益，努力为民办高校学生身心发展提供持续、稳定的社会福利待遇。

第二，加强宏观引导。政府应在公共福利资源分配、执行和监管等方面发挥引领作用，解决市场失灵、供需失衡、信息不对称等问题，保障大学生社会福利的分配公正性；明确利益相关主体的社会保障权责，制定统一的行

动准则，引导利益相关主体坚守法律底线、履行社会责任，共同扩大社会福利总量，为保障民办高校学生福利优待权益创造充足条件。

第三，加强整体规划。将民办高校学生社会保障纳入大学生社会保障体系之中，确保公办、民办高校学生社会保障政策的一致性，使民办高校学生真正获得与同级同类公办高校学生同等的社会福利待遇。同步考虑地区社会经济发展水平与民办高校学生社会保障政策，根据社会经济总体形势、社会组织运营情况和经济社会承载能力，动态调整大学生社会福利保障体系。同时，依据生活、医疗、交通等方面的最新优待政策，实时调整福利优待内容与保障方式，推动民办高校学生社会保障一体化进程。

（二）协同推进社保政策落地

保障民办高校学生福利优待权益是一个系统性工程，需要教育、人力资源与社会保障、财政、民政、扶贫、残联等部门协同推进，需凝聚各部门的广泛共识，加大部门联动、加强政策执行，形成民办高校学生社会保障的最大合力。

第一，增强部门沟通协作，建立跨部门的协同联动工作机制。通过专题培训、理论学习、工作指导等多种方式，增强部门观念一致性，协力保障民办高校学生的福利优待权益。成立跨部门的民办高校学生社会保障工作小组，联合当地财政局、民政局、扶贫办（局）、人力资源和社会保障局、残联等部门，共商民办高校学生社会福利权益保障的工作细则，集中攻破学生社会福利实现的体制机制瓶颈。同时，将民办高校学生社会福利保障纳入重点议题，明确部门职责与分工，建立第一责任人牵头工作机制，提升民办高校学生福利优待权益保障的工作实效。

第二，加大政策执行力度，建立政策执行与纠偏机制。持续提升各级政府部门的政策执行能力，加大对民办高校学生社会福利的支持力度，增强社会福利的覆盖面与开放性，使各地民办高校学生同等享受日常交通优惠、旅游景点门票优惠等，重点关注弱势学生群体的社会福利诉求与保障情况。

第三，加强政策跟踪，精准解决经济落后地区民办高校学生的社会福利问题。本研究发现，民办高校学生福利优待权益保障存在显著的地区差异，需立足区情、校情和学情，加强政策跟踪，定期考察民办高校学生的福利优待保障满意度，系统分析各类社会福利政策对学生成长成才的多重效应，及时修正相关政策。同时，督促中西部地区尽快落实民办高校学生同等社会福利政策，确保当地民办高校学生获得与经济发展水平相适应的社会福利，不断扩大社会福利政策的覆盖面，增强民办高校学生的社会认同感。

（三）加快社保的法治化进程

社会保障制度不完善是民办高校学生福利优待实现不足的重要原因之一，需聚焦民办高校学生社会保障上位法缺位、立法层次相对较低、法律法规衔接度不高等问题，不断推动民办高校学生社会保险的法治化进程。

一方面，加强社会保障法治建设，明确民办高校学生的法律地位。确立科学的清理标准、程序和信息公开办法，采用集中清理或专项清理等方式，修改、废除、补充完善现行的大学生社会保障政策，拓展大学生社会保障法律体系的保护范围。建立民办高校学生社会保障政策执行与纠偏机制。构建民办高校学生社保政策跟踪与评估机制，定期考察民办高校学生的福利优待获得感，追踪各类社会福利政策的执行情况，及时纠正政策执行偏差，保证政策落实方向，切实推进民办高校学生社会保障政策落地，使之与大学生社会保障法律相衔接，全面服务于民办高校学生的社会资源补偿需要。

另一方面，研制区域性的民办高校学生社会保障政策，确保民办高校学生获得政策红利。民办高校学生具有和公办高校学生不同的学习基础、心理素质、社会地位、服务期待等，需深入开展实地调查，全面把握各地民办高校学生社会保障政策的执行情况，及时总结优秀经验，找准症结所在，明确改革方向，制定地区性的民办高校学生社会保障政策。

二、明确学校服务职责，扩大医保与优待覆盖面

面对当前民办高校学生医疗保险参与范围有待扩大、校内就医权益实现不足、学生基本就医需求得不到有效满足等问题，需多渠道扩大医疗保险的服务范围，不断提高校级医疗服务水平，为学生身心健康发展提供多重保障。

（一）扩大医疗保险服务范围

调查发现，民办高校学生医保的补偿标准、补偿方式等存在突出问题，门诊费用的补偿力度相对较低，学生尤其是家庭经济困难学生的医疗费用压力较大。

一方面，扩大社会保险覆盖范围，提高门诊费用报销比例。需立足学生普通门诊就医次数较多的客观现实，逐步扩大医疗保险的覆盖范围，提高普通门诊的补贴力度，适当提高特殊病种的报销比例。同时，设立年度医疗费用个人担负部分的最高限额，缩小学生个人需承担的医疗费用范围，减轻民办高校学生的就医费用负担。

另一方面，扩大利益主体参与度，丰富学生投保类型。政府是大学生医疗保险制度的主体，须自觉履行好大学生医保体系建设的主体职责，加大财政支出在大学生医疗保险中的承担比例。同时，通过税收减免、资金支持等方式，吸引商业保险公司积极参与民办高校学生医疗保险领域，鼓励企业开发适合民办高校学生的医疗保险险种，[①]为民办高校学生提供多样化的投保选择，满足不同学生的投保需求。还需鼓励社会公益组织以慈善基金会的方式，为品学兼优的贫困生提供医疗援助，切实保障民办高校学生的医疗权益。

（二）加强校级医疗服务建设

本研究发现，一些民办高校并未建立规范化的校级医疗服务机构，功能

① 罗婷，张锦，涂玉婷，等.关于大学生医疗保险现状的调研报告：以江西师范大学为例[J].劳动保障世界，2019(9):40-41.

单一的医务室是学生就医的主要场所，学生的应急性就医需求得不到有效满足，需明确校内医疗费用占办学经费的合理比例，加大医疗服务机构建设支持力度，不断提升医务人员服务水平。

一方面，加大对校医院的资金投入力度，密切关注学生的就医服务满意度。合理分配办学经费，优先确保校医院机构建设经费，全力打造安全、便捷、有效的校内医疗服务机构，使校医院真正发挥学生就医的主渠道作用。持续做好预防保健、计划免疫、健康体检和常见病等门诊与医疗服务，加强学生常见病、传染病的预防与控制，满足学生的基本就医需求。针对学生医疗权益保障水平的群际差异，定期调查不同学生的医疗服务满意度，重点关注低年级学生、农村和城镇学生、父母低学历学生、有助学贷款学生的就医诉求，确保家庭经济困难等特殊需要学生获得足够的医疗补助，得到及时有效的医疗服务。

另一方面，扩充医务人员队伍，建立医疗水平提升常态化机制。针对当前民办高校医务人员不足、医护水平不高的严峻现实，需尽快配齐配足各类医务人员，扩充医务人员队伍，优化医务人员结构，不断提升医疗服务质量。同时，建立医务人员技能提升常态化机制，预留专项经费用于提升培训医务人员服务意识和医护水平，使医务人员恪守医德底线，真正以服务学生为中心，竭力提供安全、温馨、优质的医疗服务。

（三）加大学生医疗优惠力度

访谈发现，民办高校学生享有的医疗费用报销比例相对不高，有的学校校医院药品种类不多、折扣力度较小，不少学生对报销流程、报销范围等认知不足，无法及时、有效地享受医疗优惠。此外，学生对就医的优惠政策和报销流程认知模糊，存在错过医疗报销时间、缺少报销凭据、难以及时获得补助等问题。

一方面，及时更新医疗设备和药品种类。针对民办高校校医院（医务室）药品种类不多、应急性需要较难满足等情况，需通过完善医院科室点、增设基本医疗设备、优化急诊服务、增加药品种类等举措，扩大校医院的医疗服务范围，适当延长就医服务时间，满足学生的基本就医需求。同时，根据学生资助系统中的学生家庭经济情况等信息，给予家庭经济困难学生适当的医药优惠和医疗补助，减轻其就医费用负担。

另一方面，加大医疗费用报销宣传力度。制定在校大学生校内外医疗费用报销规定，明确学生医疗费用报销的比例、范围和项目。利用新生入学、新学期开学、日常班会等主渠道，借助微信、微博等网络平台，多渠道宣传医疗报销流程，让学生清楚了解医疗优惠的范围、内容、流程等信息，顺利申请医疗补助，及时享受医疗优惠。

第四章

学业就业权益保障分析

保障民办高校学生的学业就业权益，是尊重学生自主发展意识、提高学习成效的现实要求，是培养学生创新意识、增强就业创业能力的必然要求，更是提升学生能力素质、共享竞争机会的内生诉求。本章在全面剖析民办高校学生学业、就业、创业客观期待的基础上，结合定量调查和定性访谈结果，从学业发展、升学深造和就业创业等方面，分析民办高校学生学业、就业和创业权益的保障现状，分析内外部影响因素，提出保障学生权益的优化路径。

第一节　学业就业权益保障的期待

一、学生学习自主权能够得到尊重

保障学习自主权是学生受教育权的必然要求，也是尊重学生主体地位的现实期待。民办高校需要充分尊重学生的学习自主意识，构建人性化、便捷化的学业规划、指导与支持体系。

一方面，民办高校学生依法享有受教育权，理应充分尊重其学习自主权。相较于公办高校，民办高校对学生的管理较为严格，[①] 学生自主发展空间受到一定影响，这显然不符合民办高校学生受教育权的基本要求。民办高校学生享有的受教育权，决定了学生应充分享有专业选择权、选课自主权、上课自主权等权利，能够在遵守学校管理规定的前提下自主安排学习活动，将自身学习基础、兴趣爱好、个人专长等特质与专业学习有机结合，最大限度地提高学习效率、保证学习效果，为升学深造奠定坚实基础。就此而言，民办高校能否充分尊重学生个性发展需求、提供针对性的学业指导，就显得十分

① 范阿曼．民办高校大学生权利的本质分析 [J]．法制与社会，2017(22):273-274.

重要。民办高校需立足学生兴趣爱好、个人专长、学习习惯等方面的特征，充分保障学生学习自主权，切实尊重学生的学业发展需求，为其营造高质量的学习环境。

另一方面，民办高校学生是教育教学活动的主体，须切实尊重其学习自主权。当前，部分民办高校学生无法深入参与教育教学活动，学生在教育教学活动过程中相对被动，学习发展的自主性、能动性和独立性较弱，忽视了教学是师生间知识、技能、情感交流双向互动的事实。民办高校学生是教育教学活动中的主体，绝非知识技能的被动接受者，而是教学活动的主动建构者。须将对学生主体地位的重视落到学生学业发展的现实需要上，以需求促发展，最大限度尊重学生主体地位和自主学习诉求，切实提高学生指导水平。

二、就业创业服务质量能持续提高

民办高校学生的就业创业预期与实现情况存有落差，不同背景学生的就业创业情况不一，要求民办高校立足学生的多样化学情，全方位提升就业和创业服务质量，增强学生就业和创业满意度。

一方面，民办高校学生较为关注自身就业，但学生的就业满意度总体不高，亟须提升就业教育质量。访谈发现，学校就业率和就业支持力度是学生报考民办高校的主要参照，就业率较高的民办高校备受青睐、生源较为稳定，表明学生尤为看重自身就业成效，将就业视为主要的毕业意向。一些研究也证实了民办高校学生的较高就业率，[①] 但从全国范围来看，民办高校学生的就业满意度相对不高，本科层次学生的就业满意度相对较高，[②] 表明民办高校的就业质量仍需提高，亟须找准瓶颈，及时调整人才培养方案，优化创业教育体系，切实保障学生的就业权益。

---

① 陈月．广东省民办高校大学生就业政策执行研究 [D]. 广州：华南理工大学，2018.

② 胡广飞．民办高校就业满意度的调查及分析研究 [J]. 中国大学生就业，2013(20):14-17+22.

另一方面，民办高校学生创业意愿较强，但个人创业基础相对较弱，亟须加大支持力度。访谈发现，民办高校学生的创业意愿强烈、创业激情较高，不少学生积极申报、参与创新创业项目；[①②] 同时，家庭经济条件能对民办高校学生创业意愿产生显著正向影响，家庭经济条件越好的学生创业意愿越强，家庭经济困难学生的创业率则相对不高；[③④] 而我国多数民办高校学生来自农村家庭，家庭经济条件一般，学生个人兴趣发展不足，[⑤] 表明民办高校学生群体并无雄厚的个人创业基础。此外，参加创业讲座次数、经商经历、社会兼职次数等准备性因素能对民办高校学生创业意愿产生正向影响，学校支持也有利于激发学生创业意愿。亟须立足学生薄弱的创业基础，保护好学生的创业意愿和创新精神，从优化创新创业课程体系、加大创新创业指导等方面入手，全面提升创新创业教育质量，给予学生全方位的创业支持。

三、学生能力能得到同质等效发展

民办高校学生的能力素质并无显著劣势，需要为其提供公平的社会竞争机会和发展平台，使其获得与公办高校学生同质等效的发展空间。

一方面，民办高校学生能力素质并无显著劣势，他们需要平等的竞争机会。受社会主流评价影响，一些用人单位并未以发展的眼光看待民办高校学生，致使民办高校学生发展机会受限，能力素质得不到公平认可。实际上，民办高校学生的能力素养并无明显劣势，学生学习力处于中等水平，[⑥] 学生的就业和创业素质相对较高。[⑦] 有的民办高校学生综合素质甚至高于一般的

---

① 谢欣希 . 民办高校大学生创新创业意愿调查研究: 以四川省内民办高校S为调查样本 [J]. 科技风，2019(11):53-54.

② 孙美娇，潘成 . 江西省民办高校创新创业教育的规范研究 [J]. 职教论坛，2016(14):34-37+45.

③ 夏丹 . 民办高校家庭经济困难学生创业问题及对策研究 [J]. 教育理论与实践，2017(3):18-19.

④ 胡春 . 民办高校大学生创业支持系统的缺失与培育路径 [J]. 继续教育研究，2017(6):25-27.

⑤ 范阿曼 . 民办高校大学生权利的本质分析 [J]. 法制与社会，2017(22):273-274.

⑥ 闫丽雯 . 民办高校学生学习力水平分析 [J]. 高等理科教育，2017(2):64-68.

⑦ 史少杰 . 民办高校学生创业认识分析 [J]. 高等理科教育，2017(3):82-86.

普通公办院校学生，因此需充分认可民办高校学生的能力素质，向民办高校学生平等开放工作岗位，切实发挥市场在选拔人才方面的优胜劣汰作用，让民办高校学生获得与自身能力相匹配的发展机会。

另一方面，民办高校学生能为企业减少用人成本，亟须给予同等认可。我国民办高校多采用应用型人才培养模式，为学生联系实习就业单位成为民办高校的重要特色之一，[①] 与公办高校学生相比，民办高校学生的动手操作能力较强，专业技能水平较高，学生的能力与企业用人需求吻合度高，能较快进入工作状态，减少企业的培养和培训成本。鉴于此，民办高校学生理应得到用人单位的一致认可，获得与同级同类公办高校学生同等的就业创业资源。需不断扩大社会公共服务体系的开放性，赋予民办高校学生公平的就业创业机会，不断提升民办高校学生的获得感。

第二节　学业就业权益保障的现状和成因

基于学业就业权益保障理论模型（含学业发展权益、升学深造权益和就业创业权益 3 个二级维度）及各维度的保障水平，结合访谈材料分析发现，民办高校学生的学业服务质量有待提升、就业创业成效需要提升、社会认可度相对不高，这主要是由民办高校对学生的低学业成就动机缺乏有效引导、办学同质化问题突出、用人单位的歧视性观念没有根本消除等因素所致。

一、学习权益得到基本保障，学业服务质量有待提升

由学业权益保障的理论模型可知，学业发展权益包含 3 个指标，升学深造权益包含 4 个指标，各指标均值与变异系数如下：

① 范阿曼．民办高校大学生权利的本质分析 [J]. 法制与社会，2017(22):273-274.

表 25　学业发展和升学深造权益保障各指标均值表（N=16 305）

维度	均值 (M)	标准差 (SD)	变异系数 (CV)
您能找到适合自己的学习场所	3.66	0.818	0.223
您能自主安排空闲时间用于学习	3.68	0.783	0.213
学校提供满足您学习需求的课程	3.52	0.865	0.246
学校提供专升本、考研、出国等信息与服务	3.55	0.879	0.248
您的升学深造能得到学校和老师的指导	3.51	0.861	0.245
学校的学习氛围对您的升学很有帮助	3.44	0.904	0.263
学校提供满足您发展需要的实践活动	3.47	0.892	0.257

调查发现，民办高校学生的学业发展权益处于中等水平，结合访谈分析发现，学生学习权益得到基本保障、就业创业支持力度较大，但学业服务质量有待提升、创新创业实效有待加强、社会认可度有待提升，这与学生学业发展期望值相对不高、民办高校人才培养针对性不足、用人单位的歧视性观念有关。

（一）学习权益得到基本保障

民办高校学生的学习权益能得到基本保障，可根据自身习惯、爱好等情况自主安排学习。“您能找到适合自己的学习场所”“您能自主安排空闲时间用于学习”和“学校提供满足您发展需要的实践活动”的均值（见表 25）分别为 3.66、3.68、3.47，表明学生在选择学习场所、安排学习时间、选择学习内容等方面的自主权较大，学习氛围基本能对学生的升学深造、专业学习、实践学习产生正向作用，学生的升学深造需求得到基本尊重。此外，学生基本能自主选修感兴趣的课程、按要求转换专业、申请考研宿舍、进入理想实习单位。访谈中，学生提到的情况如下：

“我们专业有个专门物流教研室，能紧跟时代的潮流，让我们学习到更好、更先进的知识，我们的选修课挺多的，包括物流方面、心理学等，可以根据个人情况选择，基本上和公办学校的差不多。”（东部 YC 学院学生，201806）

“学校的公共设施，我们也都能用，跟公办都差不多。”（中部 XY 学院学生，201806）

“我们学校除了会提供考研自习室，还会提供单独的考研宿舍。大三大四时，想考研的同学可以申请调到一个宿舍，能够互相学习，我觉得这个挺好的。”（东部 YC 学院学生，201806）

（二）学业服务质量有待提升

调查发现民办高校的办学条件很大程度上滞后于学生的学习发展诉求，学生学业支持与服务水平有待提升。学生对图书馆建设、自习区建设、教师教学水平的满意度不高，认为学校图书馆藏书量过少、专业图书种类不多、书籍更新速度慢、自习座位数量不足，教学设施尚无法有效满足学生的基本学习需求，不利于学生专业知识和技能的提升。“学校的学习氛围对您的升学很有帮助”的均值（见表 25）为 3.44，低于学业发展权益其他维度的均值，说明学习氛围无法对学生专升本、专接本、考研等升学计划产生显著的正向效应，不利于实现学生的升学目标。访谈中，有学生提到以下情况：

“我们学校图书馆还在筹划中，现在用的是临时图书馆，考试前课余时间，有挺多同学去上自习，基本能满足我们的需求。”（西部 PH 学院学生，201709）

“学校图书馆里的书太少了，想看我们自己专业（经管）的书，都很难。另外，图书馆学习的环境也不好，之前建在食堂下面，旁边就是社团广场，特别吵，后来改到教学楼下面，但是很小，自习的位置之间太近了，学习起来比较压抑，没有办法专心学习。我希望学校定期更新图书，图书馆建大一些。”（东部 ZZ 学院学生，201809）

"图书馆的书大都是十年前出版的，内容比较陈旧。我是英语专业的，英语书只有七八排书架，有时也会有新书，例如一些雅思、托福、四六级的书，还有部分专业课辅导用书。总体感觉不是很好。"（东部 YC 学院学生，201805）

"我感觉公办高校有的基础设施我们也有，只不过像图书馆这样的肯定不能和 SD 大学比。"（东部 YC 学院学生，201805）

《中国民办本科教育质量报告》显示，2010 年至 2015 年，我国民办本科高校生均纸质藏书量从 77.0 册提高至 82.9 册，增加了 7.7%；生均教学科研仪器设备从 4 863.3 元提高至 5 760.3 元，增加了 18.4%。[①] 可以预见，民办高校的学业服务质量将不断优化，学业发展的外部支持将不断增强。

民办高校对学生的低学业成就动机缺乏有效引导，深刻影响着学生学习权益的有效实现。一方面，不少学生仅将学历看作就业的敲门砖，以获得毕业证书为主要求学目标，对学习的重视度相对不够、专业学习动力不足、学习定力普遍不高。访谈中，有教师和学生提到以下情况：

"对学业的珍惜程度是民办高校学生和公办高校学生的根本区别，民办高校学生对学业的期望值很低，有的学生就想拿个文凭，不想追求更多的东西。"（中部 XY 学院学工处处长，201811）

"我们学校的学生基本不学习，有课就去上课，没课就是在吃饭、睡觉、打游戏。考试前就临时抱佛脚，不要挂科就行。"（西部 PH 学院学生，201711）

另一方面，民办高校尚未完成从外延式发展向内涵式发展的转型，对学习资源的硬件和软件资源投入不足。当前，不少民办高校尚处于求生存的外延式发展阶段，扩大生源、升级学校、扩张规模是其主要关切，未有效践

① 人民网.最新版高等教育质量"国家报告"出炉 [EB/OL].(2017-10-16)[2019-01-31].http://edu.people.com.cn/n1/2017/1016/c367001-29588440.html.

行《国家中长期教育改革和发展规划纲要（2010—2020年）》关于“提高质量，办出特色，办好一批高水平民办学校”的要求；有的民办高校仅关注学生到课率、出勤率等，尚未给予学生实质性的学业规划、指导与支持。访谈中，有辅导员老师说：“辅导员管得最多的是上课迟到和不去上课的，我的任务就是让学生都离开寝室去课堂，只要学生去了，学生在课上听不听就不是我的事了。”在大学生就业形势日趋严峻的情况下，民办高校对学生学业质量的忽视会极大影响学生的学业成就获得和综合素质提升，导致学生专业基础不牢固、专业能力不突出，不利于学生升学、就业、创业等目标的顺利实现，更会降低学生的综合竞争力。民办高校亟须给予学生全方位、个性化指导，加大对学生学业发展的规划、指导与支持力度，努力营造有利于学生全面发展的优良学习环境。

二、就业创业支持力度较大，就业创业成效有待加强

由就业创业权益保障的理论模型可知，就业创业权益包含5个指标，各指标均值与变异系数如下：

表26　就业创业权益保障各指标均值表（N=16 305）

指标	均值（M）	标准差（SD）	变异系数（CV）
学校开展专门的就业创业教育	3.62	0.849	0.235
学校为学生的就业创业提供人员支持	3.57	0.853	0.239
学校为学生的就业创业提供资金支持	3.44	0.899	0.261
学校为学生的就业创业提供平台支持	3.59	0.848	0.236
学校支持学生的创业成果转化	3.58	0.833	0.233

调查发现，民办高校学生就业创业权益处于（M=3.56，CV=0.217）中等水平。结合访谈分析发现，民办高校较为重视学生的就业创业工作，给予其

较为充足的人员、资金和平台等支持，但创新创业的实效性有待加强。

（一）就业创业的支持力度较大

调查发现，民办高校对学生就业和创业工作的支持力度较大，保障学生就业创业权益的人员、资金、平台等资源较为充足。“学校为学生的就业创业提供人员支持”“学校为学生的就业创业提供平台支持”和“学校支持学生的创业成果转化”的均值（见表26）分别为3.57、3.59、3.58，表明学生较为认可学校的就业创业人员配备、平台建设和成果转化工作，学生的就业创业权益基本得到实现。实践中，不少民办高校积极搭建就业创业校级服务机构、配备就业指导教师、提供必要资金支持、定期举办校内招聘会，有些学校为学生提供对口实习和就业单位，较好满足了学生就业创业的基本需要。访谈中，有学生和教师提到以下情况：

“我对创业很感兴趣，从大二开始申请创业项目，学校的创业帮扶力度很大，学校的资源、渠道很多，基本还算满意。”（东部HH学院学生，201805）

“实习不一定要在大三、大四，甚至在大一、大二都可以去实习，学校提供了不少实习途径，我们学校每年都会举办两届双选会，学校与一些相关企业签订的合同比较多，所以就业机会比较广。”（东部WJ学院学生，201805）

“我们学校在实习实训方面做得比较好，我们有公办学校一般都很少有的专门的物流实习中心，还有一个非常大的实训中心，学生在大一下学期和大二都有机会去实习，可以动手操作一些实训设备，方便学生实习时更快地上岗。”（东部HH学院学生，201805）

“学校对学生创新创业还是挺支持的，学校有创新创业中心，学生可以免费使用1–2年，可以在那里办公。”（东部HH学院辅导员，201806）

“民办高校很注重学生就业，会下很大功夫为学生的就业创造机会。为了提高社会影响力，必须这样做。”（西部NY学院人事处处长，201811）

（二）就业创业教育成效有待加强

虽然民办高校在协同开发创新创业课程、共享师资力量、评价人才培养质量等方面采取了不少创新举措，但就业创业教育的成效仍不显著，就业指导的总体水平不高，就业服务的针对性有待增强，仍存在学生实习形式化、创新创业课程理论化、专任师资力量不足等问题，学生的就业创业满意度仍有较大提升空间。访谈中，有辅导员老师提到以下情况：

“我们学院的学生一般都有实习机会，但很多实习是走形式，没有明显的实际效果。学校会有统一安排，也可以自己找，一般是在毕业前一个学期出去实习 1 个月，我当时带着同学去待了两周，最后学校还要给实习单位钱。”（东部 HH 学院辅导员，201711）

此外，社会对民办高校学生就业创业的支持力度较弱，一定程度上挫伤了学生的就业创业信心。访谈发现，民办高校学生创业面临政策优惠力度不大、创业资金缺乏、创业孵化器缺失等问题，学生创业信心不强，创业效果不佳，难以形成创新创业的良性生态。访谈中，有学生提到以下情况：

“我们学校每年毕业季举行一次人才招聘会，会有很多企业来招聘，大三的学生去寻找一些机会，但是这些单位一般，也就是中等水平吧，‘高大上’的企业不多。”（东部 ZS 学院学生，201805）

民办高校办学同质化也是造成学生就业创业实效不佳的重要原因。一方面，民办高校办学同质化问题突出，专业雷同现象普遍，加剧了学生就业压力。访谈发现，部分民办高校人才培养定位模糊，对学校发展规划重视不够，尚未有效践行应用型办学定位要求，盲目照搬公办高校的人才培养方案，开设与之相近的专业、课程，[①] 办学同质化问题突出。[②] 据调查，西部某省的民办高校专业平均趋同率达 65%，[③] 这无疑加剧了当前愈加严峻的大学生就业形势，增加了民办高校学生的就业创业难度，更让处于相对不利地位的民办高校学生倍感压力，迫切希望获得更加有效的就业创业支持。

另一方面，民办高校就业创业教育的针对性不强，无法适应不同类型学生的个性化需要。研究发现，不同学生（包括性别、是否为独生子女、专业层次、专业获得方式、年级、是否为学生干部、有无创业经历和兼职经历）的就业创业权益保障水平存在差异，学生个人特质显著影响就业创业权益保障的达成度，而当前民办高校的就业创业教育更强调普惠性和统一性，未能有效关注不同学生的就业创业需求，影响了就业创业教育的针对性。

三、学生身份认同较难实现，社会认可度有待提高

访谈发现，民办高校学生的就业和创业环境有失公平，社会用人单位对民办高校学生存有观念偏见，无法公平公正地对待民办高校学生，学生面临着较为突出的制度性歧视和市场性歧视。

（一）学生身份认同实现不足

一些社会用人单位尤其是体制内单位对民办高校学生仍存有偏见，学生在择业与就业过程中面临诸多不公正待遇。访谈发现，民办高校学生在报考选调生、报考公务员、考取研究生等方面遭遇区别对待，选调生推荐高校名单仅面向公办高校，有的事业单位招聘将民办高校学生排

① 张幸刚，魏晶，涂鑫．学分制下应用型民办高校人才培养方案的创新优化 [J]. 黑龙江科学，2019(5):54–55.

② 宋静．民办高校就业困境与对策研究——以高校转型为视角 [J]. 教育理论与实践，2015(30):12–13.

③ 陈文联．民办本科高校发展的同质化：表征、原因与对策 [J]. 黄河科技大学学报，2017(5):16–20.

除在外，大型用人单位青睐公办高校学生，普通民办高校学生很难获得大企业通行证。

在“公办高水平高校毕业生更为优秀”用人标准依旧盛行、高学历晕轮效应日益加强的情况下，民办高校学生遭受着社会身份歧视，难以获得与自身价值和能力相匹配的机会，学生实习、择业、就业等权益受到一定侵害，极大影响了学生的未来职业发展预期，不少学生产生了“当一天和尚，撞一天钟”的自弃心理和“政策都是口号”的消极心理。民办高校学生的实习和入职单位多是中小微企业，薪资待遇不高、发展空间不足、岗位稳定性较差，学生的心理落差较大。访谈中，有学生提到以下情况：

“很多面试官不是先看简历，而是先问你是985还是211学校毕业，然后再问你一本还是二本，我听了很别扭。我觉得我们专科不一定比本科差，相反，我觉得工作是靠能力，不是靠学历。一些小公司还好，有的大企业甚至会怀疑我们是不是大学生，有的面试官还要亲自去验证我们的毕业证。”（西部CS职业学院学生，201806）

“我是学医的，比起公办高校学生，我们不比他们学得少，也不比他们学得差，实习的时候我们可以进三甲医院，但到真正找工作的时候，医院的门槛就很高，我们自己也知道肯定是留不下，因为他们不要我们民办学校的。”（东部KW学院学生，201805）

“民办高校学生的就业单位不怎么样，明显不如Z师大，学生起点低、待遇不高，学生后期发展还经常遇到学历限制，我们同届的同学现在大多工作待遇不太好。”（西部PH民办高校毕业生，现在东部某本科院校读研）

（二）社会认可度有待提高

民办高校学生的就业创业环境尚不乐观，学生创业时常遭遇资金短缺、观念歧视、政策真空等外部阻力，就业创业的校外支持力度较弱，极大影响学生就业创业权益的实现。不少学生常感“心有余而力不足”，创业的积极性不强、创业的持续性不强、成果转化程度不高。访谈中，有学生提到以下情况：

“实际上，我们需要更多的资金扶持。一方面学校会举行路演，有天使投资人进行投资；另一方面，也有专门针对创业项目的奖学金，如果项目进展比较好，会有资金的帮扶，但是对大部分创业的学生来讲，还是不太够。”（东部 KW 学院学生，201806）

“虽然学校对创业的扶持力度相当不错，但资金还是不够，当然，这也不是学校能全部解决的。”（中部 XY 学院学生，201806）

“我去过本地好几个区，向他们咨询大学生创业贷款政策，他们都说不知道。但是这些规定还有国家政策在网上都可以查到，为什么在我们这没有落实？实际上我们根本没有享受这种优惠。”（东部 YC 学院学生，201805）

制度性与市场性歧视观念仍难消除，是导致民办高校学生社会认可度不高的重要原因。在就业市场中，不少用人单位依然不同程度地歧视民办高校学生，存在“高水平公办高校优于一般公办高校，一般公办高校优于民办高校，民办本科高校优于民办专科院校”的思维定式，倾向用学校性质评判人才培养质量，民办高校学生仍是大学生劳动力市场中的弱势群体，很难凭借一己之力顺利进入主要劳动力市场，不少毕业生面临着明显的制度性歧视和市场性歧视，在升学、创业、就业等方面遭受不公正待遇。这种身份歧视行为极易产生两种不良效应：一是增加毕业生的就业门槛，无形中增加用人单位的用人成本；二是造成优秀毕业生“高不成低不就”的就业状态，对更好的就业机会趋之若鹜，影响用人单位的人员稳定和管理秩序。此外，市场主体的观念歧视也很大程度上剥夺了民办高校学生的主体权利，民办高校学生无法平等地参与社会竞争。

第三节　学业就业权益保障的优化路径

面对民办高校学生学业就业权益保障的期待、现状及成因，民办高校需聚焦学生发展基础、立足学情特点、履行主体责任，从平台搭建、人员配备、资源整合等方面，建构系统完备的学业指导与就业创业支持体系。全社会应营造公平公正的制度环境，切实保障民办高校学生的学业、就业和创业权益。

一、聚焦发展基础，优化学业指导与支持体系

针对民办高校学生的学业预期不高、学业成就动机水平不高、学习定力不强等情况，民办高校应提供个性化的学业规划、指导和支持体系，帮助学生明确学业发展目标，增强学习信心，夯实专业根基，提升专业水平，更好应对激烈的就业竞争。

（一）提供针对性的学业规划服务

一方面，发挥第一课堂的主渠道作用。专任教师是民办高校学生学业规划的核心力量，民办高校需建立有效的常态化指导机制，鼓励专任教师加强专业引领，基于学生的文化背景、成长规律和学习诉求等特质，丰富教学内容，创新教学方法，加强思想品德尤其是专业发展指导，增强民办高校学生的学习动力和学习效能，帮助其合理确定学习目标，科学规划短期和长期目标，稳步落实学习目标。

另一方面，发挥第二课堂的辅助作用。借助第二课堂提供的休闲式、场景式、互动式体验，① 不断丰富学生的专业实践活动，强化学生专业认同，提升学生专业知识转化能力，激发学生学习兴趣，增强学生专业信心。定期

① 宋来．新时代少数民族大学生学业支持体系构建与优化 [J]. 云南民族大学学报（哲学社会科学版），2019(1):129-134.

邀请专业领域学者开展讲座，引导学生深入思索学业和职业目标，帮助其做好学业发展规划，制订有效的学业达成行动计划，不断激发学生的内在学习动机，保持学生的学习耐力，帮助其顺利实现学业目标。

（二）构建个性化的学业指导体系

第一，形成规范的学业指导制度。详细规定指导理念与宗旨、师生指导权益、指导教师职责、指导原则、师生监督考核等内容，[①]督促指导教师恪守职业师德准则，保证学业指导工作的规范化、健康化，构建职责清晰、管理规范的学业指导工作体系。

第二，建立专门的学业咨询服务中心。联合学工系统、教师系统、学生社团等校内组织，配备专门的学业指导教师，为学生提供课程学习、专业学习、升学深造等咨询与服务，为学生提供个性化学业指导。针对学生学习基础、学习能力等方面的不同诉求，帮助不同年级、不同特质的学生了解专业学习和职业发展形势，如面向大一新生开展入学指导、给予大二和大三学生学业规划指导、全年级学生学习指导服务，让学生在一对一的学业指导中有效完成学业计划、顺利实现学业目标。

第三，开展多层次、多样化的学业指导活动。广泛开展“学困生学业帮扶计划”“优秀学子提升计划”“学习技能提升计划”等计划，使学业指导贯穿教育教学全过程，让学业服务惠及所有学生，引导学生着眼长远，潜心学习，满足学生个性化的学业发展需求。同时，建立朋辈帮扶机制，通过志愿服务认证等方式，鼓励优秀学生积极提供学业指导与帮扶，为有需要的学生提供及时、有效的帮扶，增加学生间的交流互动。

（三）配给基础性的专业学习资源

研究发现，民办高校的专业学习资源供给不足，主要办学条件不能有效

---

① 尚航，张德祥．剑桥大学学业指导体系的构成、特点及启示 [J]. 现代教育管理，2019(01):119-123.

满足学生的基本学习需求，无法给予学生学业发展足够的资源支持，一定程度上侵害了学生的学业发展权益，亟须优化主要办学条件、扩充学习资源供给。

第一，优化办学条件。针对部分民办高校主要办学条件滞后的现状，需对照本科教学水平评估关于校舍建设的基本要求，开展全方位自评，加强图书馆、实验室、教学楼等硬件建设，确保办学条件与生源数量相适应；根据学校办学基础和设施条件，制订年度招生计划，根据生源数量变动优化办学条件，确保在校学生享有充足的上课、自习、实验、运动等资源，避免产生因大规模扩张导致的学生学习场所供给不足问题。同时，优化校园基础设施的功能定位和空间布局，定期评估主要办学条件对学生学业的多重影响，及时减少不利办学条件对学生学习的负面影响，保持学生学习生活条件的便捷化、人性化。

第二，加大学习资源供给。不断加大专业图书、教学科研仪器、自习教室等资源的供给力度，扩充图书资源数量，优化专业图书结构，更新专业书籍储备，满足学生日常学习、升学深造等多样化需求，为学生知识技能的提升和专业素养的增强提供最大支持。

第三，提高服务质量。整合学生管理与服务机构，建立学校、各院系的学生工作服务平台，优化二级学院教务工作的服务导向，明确教职员工的教书育人职责，不断提升服务水平，为学生学习营造温馨环境。建立教职员工服务监督平台，让学校服务人员主动接受学生监督，将学生评价作为教职工绩效工资考核的重要指标，提升教职员工服务意识，切实保障学生的自主学习和升学深造权益。

二、立足学情特点，全方位推进就业创业教育

研究发现，不同人口属性、学科专业背景、课外活动经历学生的就业创业权益保障水平存在显著差异，需用好民办高校接近市场、体制灵活、运行

高效的体制机制优势，构建与学生学情特点和多元诉求相匹配的创新创业教育体系，切实保障民办高校学生的就业创业权益。

（一）强化人才培养的适应性

第一，构建创新型民办高校组织架构。立足当地经济社会发展与产业升级需求，以提升学生就业创业能力为落脚点，全力打造以教学为本质、以科技为支撑、以产业为特色的创新型组织架构，形成教育链与产业链协同发展合力，在创新创业指导工作中坚持应用化、特色化、常态化导向。

第二，增强人才培养契合度。立足学生就业创业的多元化发展方向，构建知识型与应用型相结合、以知识型为主的复合型人才培养模式，即在明确应用型人才培养定位的基础上，从培养目标、课程建设、教材建设、实践教学、考核标准等环节入手，增强人才培养模式与学生发展需求的契合度，最大限度地激发学生学习生活热情，增强就业创业活力。

第三，突出人才培养特色。立足学校实际，探索校企合作新方式，积极探索以企业为主导的“企业 + 高校”双主体人才培养模式、“招生、培养、就业”一体化人才培养模式，“3+1”办学模式等新型人才培养模式。紧跟区域经济转型和科技进步新态势，结合地方核心产业和新兴产业，改造、更新传统专业，增设新专业，优化专业结构，突出专业建设的特色化，增强学生就业创业自信心，激发学生就业创业活力。

（二）创新就业创业教育方式

研究发现，有创业和兼职经历的学生，其就业权益保障水平相对较高，反之，则较低。需要从课程体系、开展方式、师资力量等方面，创新民办高校的就业创业教育体系，全面提升创新创业教育质量。

第一，改革创新创业课程与教学体系。将“双创”教育纳入学校人才培养全过程，依托校级创新创业学院和二级学院，开展“双创”教育、创客空间、项目服务等活动。将创新创业教育作为常规必修课，使学生真正把创新创业与专业学习结合起来，不断在实践中增强创新意识，提高创新创业能力；开设特色化的创业选修课程，提高学生的创新创业意愿，激发学生的创新创业热情。同时，围绕应用型人才培养模式，及时将企业的新技术、新材料、新动向引入教育教学过程，以课程带培养，立足产业、强化实践、形成特色，保持创新创业教育课程体系的灵活性。

第二，开展个性化的就业创业指导。聚焦学生性别、年级、就业意向等多元背景，循序渐进地推进创新创业教育，调查大一学生的就业意向和创业意愿，深入了解学生的就业意向，合理引导学生分流；对大二学生开展普惠性“双创”教育活动，全面培养学生的创新意识和创业精神；在大三上学期开展实践指导与服务，为有创业意愿的学生提供一对一指导咨询；在大四开设创业班，选聘优秀的企事业单位中高层管理人员担任职业导师，聘请行业辅导老师来校讲课， 帮助学生有效实现就业创业目标。

第三，优化就业创业指导教师配备方式。坚持内部培养和外部引进相结合的原则，打造专业化的就业创业指导教师。根据教师的专业特长和个人志趣，引导校内教师积极参与创新创业教育，合理划分校内教师职责，鼓励教师到企业挂职锻炼、考取资格证书、参加创新创业大赛等，并将教师贡献计入创新创业业绩，纳入教师的年终绩效考核和职称评聘。同时，大力引进来自行业产业的双师型人才，聚焦学校学科特色，吸引工程技术骨干、行业一线管理者等人才，为学生就业创业提供对口指导。

（三）加大就业创业支持力度

研究发现，仍有部分民办高校存在就业创业支持资金不足、就业创业平台功能较为单一、就业指导中心偏重就业创业管理、学生创业成果转化困难等问题，难以有效满足不同学生的就业创业诉求，极大影响着学生的就业创业信心，亟须大力提升就业创业支持力度和服务指导水平。

第一，完善就业创业资金保障体系。经济资助能对大学生就业质量产生显著的正向效应，[①] 民办高校需要加大对学生就业创业的经费支持力度，将之纳入学校年度经费预算。设立创业种子基金，向创投机构、行业协会、创业组织等开放；利用互联网金融、股权众筹融资等方式，完善学生就业创业的投融资模式，[②] 吸引社会资本投资民办高校创新创业，为学生创业提供资金支持与金融服务。同时，积极推动学生创业成果转化，依托校内技术支持平台，通过转让、合作等方式，优先向本校学生创设的中小微企业转移科技成果。

第二，加强就业创业平台建设。构建集项目推介、指导服务、咨询帮扶于一体的就业创业平台，优化就业创业指导中心职能，提供全方位、一体化服务。成立专门的创新创业学院，依托学工系统的专兼职教师和人社部门配备的行业教师，提供课程主讲、实践主讲、行业辅导等服务内容。积极实施“大学生创业引领计划”，切实做到学生创业“场地、培训、资金、人员”四到位，为学生就业提供全面保障。

三、践行主体责任，营造公平公正的社会环境

当前，用人单位招聘时多以毕业学校为选人标准，对民办高校毕业生存有偏见甚至歧视，将高校的办学层次与学生的能力素质画等号。有的企业甚至直接将民办高校学生排除在用人计划之外，有的部门未给予民办高校学生同等创业资金、政策和平台支持，民办高校学生遭受着严重的就业创业歧视，亟须压实主体责任，共同营造公平公正的就业创业环境。

（一）发挥政府的宏观引领与示范作用

调查发现，不少地方设立了大学生求职创业补贴，支持毕业年度内有就

---

① 曲垠姣，岳昌君，纪效珲．大学生经济资助对就业质量的影响研究 [J]. 清华大学教育研究，2018(1):84-90.

② 彭华．民办高校创新创业教育资源优化整合探析 [J]. 教育与职业，2019(4):62-65.

业创业意愿、积极求职并符合相应条件（低保家庭、残疾人家庭、孤儿等）的高校毕业生，而有的地区的补贴对象仅是“全日制普通高等学校毕业生”，[①] 民办高校学生被排除在外，亟须政府加强宏观引领，确保民办高校学生同等享受大学生就业创业优待。

第一，健全大学生就业责任共担机制。加强政府宏观指导，建立健全大学生就业工作责任制，督促人力资源与社会保障、财政、人事等相关部门主动部署，民办高校管理者落实责任，辅导员积极配合，确保政策制定、政策执行和政策评估等各个环节有序开展，逐步畅通民办高校学生进入主要劳动力市场的渠道，平衡行业劳动力需求与学生就业创业需求的关系。同时，多渠道拓展就业创业资金来源，统筹政府财政支持、学校办学结余、社会资本投入、风险投资等多种渠道，探索建立大学生就业创业专项基金，同等支持民办高校学生的就业创业，切实保障民办高校学生的公平就业和创业权益。

第二，严格落实民办高校学生就业创业政策。发挥政府的规划引导作用，落实社会组织吸纳毕业生的培训补贴、社保补贴、减税降费等优惠政策，确保符合条件的社会组织按时、足额获得相应优惠，激发社会组织支持民办高校学生就业创业的积极性，保持社会组织支持民办高校学生就业创业的持续性。严格落实就业扶持和补贴政策，督促各地严格按照《学生资助政策通知》等政策要求，同等支持民办高校毕业生，给予其应有的就业创业补贴，增强民办高校学生的就业信心。

第三，加强民办高校学生就业公平法治建设。当前，国家有关弱势群体的就业公平规定集中在《中华人民共和国劳动法》《中华人民共和国劳动合同法》《中华人民共和国就业促进法》《中华人民共和国妇女权益保障法》《中华人民共和国残疾人保障法》等法律中，但这些法律的原则性较强、针对性不足，无法对民办高校学生权益产生直接保护。须将大学生的公平就业创业权

① 新华网．浙江6类毕业生可申请求职创业补贴 标准为每人3 000元[EB/OL].(2019-03-30)[2019-04-16].http://csj.xinhuanet.com/2019-03/31/c_137937289.htm.

纳入法治框架，加快研制《中华人民共和国公平就业法》，从法律层面明确大学生享有的平等就业权，为保障民办高校学生就业创业权益提供法律依据。同时，设立全国性大学生公平就业委员会，依法赋予其调查、协调等权力，联合其他高校就业管理单位，集中受理、调查、认定、协调民办高校学生就业歧视事件，督促利益主体共同抵制歧视，切实保障民办高校学生的平等就业创业权。

（二）落实用人单位的公共服务职责

访谈发现，民办高校学生的就业空间被严重挤压，成为当前“人才过度消费”现象的主要受害者。民办高校学生在大学生就业市场中处于卖方市场，其平等就业权受到侵犯，无法凭借自身专业技能、个人专长、综合素质等人力资本因素获得相应的工作，亟须落实用人单位的公共服务职责，切实保障民办高校学生的就业创业公平权。

第一，承认民办高校学生能力特质。用人单位需承担起促进大学生公平就业的社会职责，将民办高校学生同等纳入服务范围，承认其在动手操作能力、知识转化能力、技能学习能力等方面的独特优势，让民办高校学生潜能得以发挥、价值得以体现。大众媒体需密切关注民办高校学生的就业公平保障情况，通过曝光恶性歧视行为，监督用人单位的选人用人流程，为民办高校学生公平就业创业创造良好社会氛围，增强民办高校学生的就业信心。

第二，公平开放就业创业岗位。企业尤其是中小微企业宜发挥在提供就业机会方面的优势，加强与教育行政部门、民办高校主要负责人、新闻媒体的沟通联系，主动发布招聘信息，分层次、分类别、分阶段组织校园招聘活动，拓展民办高校学生的就业渠道。区域性校园招聘活动应向民办高校学生同等开放，消除对就读院校（民办和公办，本科和专科）、学习方式（全日制和非全日制）、性别等歧视性现象，以毕业生的能力素质，而非毕业生的学校属性为选拔标准，给予与民办高校学生能力素质相匹配的就业机会，切实保障民办高校学生的就业公平权。

第五章

参与管理权益保障分析

保障民办高校学生的参与管理权益，是尊重学生主体地位、捍卫学生尊严的必然要求，更是优化利益主体关系、完善内部治理结构的现实需要。

基于对民办高校学生参与学校管理的诉求分析、利益相关方对学生参与管理的共识判断，本章将结合定量调查和定性访谈结果，全面深入分析民办高校学生的知情权益、参与权益、监督权益保障现状，探析影响学生参与管理权益的制度性与非制度性动因，提出优化学生参与管理的路径。

第一节　参与管理权益保障的共识

一、学生能公平获取信息

调研发现，一些民办高校单方面掌握信息主动权，垄断核心信息资源，学生无法及时、准确、全面地知悉与自身利益相关的信息，出现非对称的信息环境，学生无法公平地获取相关信息，亟须加大信息公开力度，保障学生的同等知情权益。

一方面，及时获取与自身利益直接相关的信息，是保障民办高校学生参与管理权益的必要条件。在大数据时代，信息不仅是一种沟通联系载体，更是一种与利益挂钩的隐性资源。掌握信息的方式、获取信息的速度、影响信息的能力，不仅是信息资源占有量的标识，更是主体权力地位高低的体现。受网络虚拟性、信息来源多样性、发布渠道畅通性等因素影响，民办高校内部治理中的信息不对称问题时有发生，学生往往不能及时、准确、全面地获取与自身利益相关的信息，在参与学校管理中处于不利地位。因此，需要打破民办高校对信息资源的绝对垄断，下移信息资源重心，扩大信息资源覆盖面，让学生及时知晓与自身利益相关的信息，切实保障学生的参与管理权益。

另一方面，依法公开学校管理相关信息，是高校信息公开制度的基本要求。2010 年，教育部颁布的《高等学校信息公开办法》（以下简称《公开办法》）要求高等学校建立信息公开工作制度，依法公开基本情况、章程、规章制度、发展规划、年度工作计划、学科专业建设、招生录取与学生服务、资产和财务制度、教职工聘用和管理办法等信息。其中，与学生权益相关的公开内容主要包括：学籍管理、学位评定办法、学生申诉途径与处理程序、学生奖助学金、助学贷款、勤工俭学、学费减免的申请与管理规定等。民办高校须严格遵照相关政策要求，增强学校管理信息的可得性和透明性，让学生全面、便捷地获取校务信息。

二、学生能深度参与管理

当前，民办高校学生参与管理的“形式化”问题突出，学生权益表达与实现渠道面临多重阻力。为实现民办高校治理现代化，迫切要求学生能够深度参与学校管理，切实捍卫自身合法权益。

一方面，民办高校学生参与管理的“形式化”问题突出。新修订的《普通高等学校学生管理规定》明确规定“学生对学校与学生权益相关事务享有知情权、参与权、表达权和监督权”，而我国民办高校学生管理依然存在举办者管理权高位集中、学生地位相对不高等问题，以管理者为核心的行政权力有所泛化，学生只能被动执行学校规定，难以有效表达个人对学校发展、学校管理、教育教学制度等的意见。此外，民办高校学生参与管理多浮于表面，学生会等社团组织功能弱化，座谈会、院长信箱、校务公开栏等途径多流于形式，[①] 学生无法深度参与学校管理，这直接影响着学生的参与感、认同感和获得感，不利于民办高校办学秩序的稳定，亟须切实尊重学生主体地位、拓展学生参与管理空间，使学生深度、有效地参与学校管理。

---

① 曹军，李祥永，郭红保，任惠兰．权力观视域下大学生参与高校管理研究[J]. 现代教育管理，2016(4):63-67.

另一方面，民办高校学生的利益表达与维护渠道不畅。新修订的《普通高等学校学生管理规定》明确规定“学生有权对学校、教职员工侵犯其人身权、财产权等合法权益的行为，提出申诉或者依法提起诉讼”，将维护学生合法权益作为高校学生管理工作的基本原则。[①]而实践中，有的民办高校做出学生处分意见之后，并未及时告知学生，侵犯学生的知情权和告知权；有的民办高校在多种纪律可选择的情况下，择其最重者予以处分，学生公平对待权利受到侵犯；有的民办高校随意对学生进行罚款，侵犯学生财产权，导致学生的利益表达渠道缺失、利益实现空间受限。主体权益的实现只有借助程序才能实现，[②]这就需要从尊重学生主体地位出发，畅通学生参与管理渠道，切实保障学生的知情权益、参与权益、表达与监督权益。

三、学校能实现多元主体共治

民办高校的利益共同体共治模式，要求高度重视学生的主体性和能动性，凸显学生在学校重大决策、民主监督、科学管理中的主体作用。[③]

一方面，构建民主、平等的利益主体关系，要求尊重学生的参与管理诉求。从不同的理论视角审视，民办高校和学生的关系有多种认识：从组织管理视角看，民办高校和学生之间是合作关系，而非管理与被管理的关系；从消费主义视角看，民办高校和学生是服务提供者和消费者的关系；从社区主义视角看，学生是大学共同体成员；从政治社会学视角看，保障学生参与管理权益，是践行社会主义核心价值观的重要途径，能让学生更好地适应社会、面向未来。[④]无论何种理论视角，都透视出一个共识：学生是民办高校利益共同体中的重要主体，亟须充分尊重学生主体地位，重视学生意见，听取学

---

① 李进付．依法治教背景下高校学生管理体制改革与创新[J]．思想理论教育，2018(3):105-110.

② 黄厚明．高校学生管理中的程序正义研究[J]．现代教育管理，2017(7):78-82.

③ 施文姝，周海涛．民办高校内部治理的变革特征、基本模式和未来走向[J]．现代教育科学，2019(1):11-17.

④ 金一斌．大学生参与高校管理：由来、视角、趋势[J]．中国高等教育，2016(2):29-32.

生心声，确保学生有效参与学校管理，构建民主、平等的利益主体关系。

另一方面，构建多主体共建共享的现代大学制度，要求学生能有效参与学校管理。世界一流大学普遍将学生参与管理作为大学章程的重要内容。1998年，世界高等教育大会通过的《21世纪高等教育：展望行动世界宣言》指出："国家和高等学校的决策者应将学生视为高等教育改革的主要参与者。学生有权讨论并参与和自身利益相关的事务，如参与课程和教学方法改革，参与院校管理和政策制定。"[①]美国多数高校都为学生参与学校管理创造了广阔空间，鼓励学生以适当、合理方式参与学校管理，充分体现利益主体的民主协商治理特点，通过设立专门的学生事务管理机构，对学生事务管理人员进行规范化、专业化管理，确保学生事务管理工作的科学性。[②]一些高水平民办高校的办学经验也启发我们：大学内部治理的优化，需要尊重学生主体地位，鼓励学生积极参与学校事务管理，以此激发学生对制度权威的信赖和学校管理制度的认同，将个人目标融入学校发展目标，实现个人和学校的互利共赢。

第二节　参与管理权益保障的现状和成因

基于参与管理权益保障的理论模型（含知情权益、参与权益、监督权益3个二级维度）及调查结果，结合访谈材料发现，民办高校学生的个人权益信息基本公开、参与机会较为充足、个人意见较受重视，校务信息透明度不高、参与渠道有待拓展、院系管理时有越位，这与学生参与管理预期与权益保障水平存有落差、民办高校的外控式学生管理方式、学生参与管理实践的程序正义缺失等因素有关。

① 张智强．大学生参与高校管理研究［M］．上海：上海人民出版社，2012:3，105-109.

② 金一斌．大学生参与高校管理：由来、视角、趋势［J］．中国高等教育，2016(2):29-32.

一、个人权益信息基本公开，校务信息不够透明

由知情权益保障的理论模型可知，知情权益包含 3 个指标，各指标均值与变异系数如下：

表 27　知情权益保障各指标均值表（N=16 305）

指标	均值 (M)	标准差 (SD)	变异系数 (CV)
您能在短时间内知道学校决策的方方面面	3.23	0.958	0.297
您能全面了解学校重大事件的处理过程	3.18	0.970	0.305
您能便捷地获取学校的重要信息	3.33	0.933	0.280

调查发现，民办高校学生的知情权益保障（M=3.25，CV=0.274）处于中等水平，结合访谈分析发现，学生个人权益信息公开力度较大，学校重大战略决策信息不够透明，学生的知情范围受限，较难满足学生参与管理的积极预期。

（一）个人权益信息基本公开

民办高校学生基本能够获知与自身利益相关的信息，评奖评优、出国交流、选课上课、纪律检查、实习实践等信息的可得性较强。学生能通过辅导员通知、学生代表大会、期中座谈检查会等组织形式，获知与自身利益相关的教务、学习、奖助评选等信息。在访谈中，有学生提到以下情况：

“我们的评奖评优结果会在班级群里公示一个星期，如果大家没有异议，就会公示最终结果。”（西部 WS 学院学生，201711）

“评选奖学金开始之前，学校会让每个班级的辅导员或班长将申报表分发下去，让有需要的同学去申请，然后根据通知把材料交给辅导员，有的奖项还需要班级投票。”（东部 HH 学院学生，201806）

“我们的通知一般通过辅导员发布，有的通知也会放到网上。一般都是院

长宣布，然后一级一级地下传到辅导员。我们辅导员一般会在每周日‘晚点名’时把一周所有的重要事件布置一下，要是着急的话，也会在微信群里发通知。”（东部 YC 学院学生，201808）

（二）学校重大决策信息的透明度不高

“您能在短时间内知道学校决策的方方面面”“您能全面了解学校重大事件的处理过程”和“您能便捷地获取学校的重要信息”（见表 27）的均值皆接近 3，说明民办高校重大决策信息的透明度相对不高，学生无法及时、全面、便捷地获悉校务管理信息。访谈发现，有的民办高校并未在学校内网上按规定公开学校战略决策、发展规划、人事调动等基本信息，学生无法全面获取学校的重要战略与发展信息，信息资源的高位集中现象突出，学校管理信息的透明度有待增强。有学生表示：“学校网站主要报道学校发生的大事，一些新闻之类的，其他的很少。”（中部 GS 学院学生，201804）

学生的参与管理预期与权益保障水平存有落差，是学生知情权益保障水平不高的重要原因。一方面，部分民办高校的信息公开意识不强，对信息公开的重视度不够，存在信息公开专栏设置比例不高、专栏建设质量欠佳、信息公开内容不全面、信息公开不及时、公开程度及范围不规范等问题，[①] 学生无法及时、全面、有效地获取相关信息。另一方面，民办高校学生的参与管理预期较高，不少民办高校学生的知情和参与意识较强，较为关注与自身利益相关的信息。与同级同类公办高校相比，民办高校的硬件设施和师资力量无显著优势，这让民办高校学生产生了明显的心理落差，并一定程度激发了学生全面发展的内生动力，一些学生积极通过参与学生会、学生社团等形式，了解学校政策、参与学校管理，全面提升自身的领导力和统筹力。访谈中，两位辅导员老师提到以下情况：

① 胡建慧．民办高校信息公开的现状、意义、完善及创新 [J]. 课程教育研究，2018(27):12-13.

“民办高校学生特别在乎自身的权益，首先是因为学生的学费很高，就像我们买东西一样，花费了很大一笔钱，不愿意买到一个半成品或次品，他们对学校的教学、服务期望值很高。”（中部 DF 学院辅导员，201706）

“假如具体的教育教学活动或事件跟不上学生的期望值，学生会在同学之间或网上发牢骚或是散播不满情绪，当其他同学也有类似的情绪时，就会像滚雪球一样越滚越大，最终形成一定范围的不良影响。”（中部 XY 学院辅导员，201712）

二、参与机会较为充足，参与渠道有待拓展

由参与权益保障的理论模型可知，参与权益包含 4 个指标，各指标均值与变异系数如下：

表 28　参与权益保障各指标均值表（N=16 305）

指标	均值 (M)	标准差 (SD)	变异系数 (CV)
您和同学都能参与学校决策中与学生利益相关的事务	3.25	0.962	0.296
学校会请学生代表列席讨论与学生利益相关的决策	3.31	0.924	0.279
您能通过学生代表大会、学生社团等组织表达对学校的意见	3.24	0.962	0.297
您能通过多种途径与学校管理者沟通	3.26	0.962	0.295

调查发现，民办高校学生的参与权益保障（M=3.26，CV=0.266）处于中等水平，结合访谈分析发现，学生享有基本的参与权益、参与机会较为充足，但参与管理的平台缺失、参与管理的通畅性有待提高，这主要由民办高校的外控式学生管理方式所致。

（一）参与决策的机会较为充足

民办高校学生基本享有参与学校管理的权益，参与机会较为充足。“学校

会请学生代表列席讨论与学生利益相关的决策”和“您能通过多种途径与学校管理者沟通”的均值（见表28）分别为3.31和3.26，表明民办高校学生能参与到和自己利益相关的学校决策中，参与机会较多。访谈中，有学生和教师提到以下情况：

“从大一开始，我们学院跟二级学院之间就会有各种联系，学生能参与到二级学院的各种学会中去，权利是很大的，基本上知情权或者参与权，都挺高的。”（东部YC学院学生，201806）

“领导会在学代会上提出一些学校发展建议或是改革措施，然后征求学生意见，看看学生有什么想法，广泛听取大家的意见。很多同学会去参加学代会，有校学生干部，也有各二级学院的学生干部，还有从各二级学院挑选出来的、想参加的同学。当然，也要有想法的人去，没想法的同学去了，也没有什么意见可以提。”（东部WS学院学生，201806）

“学代会开始之前，在二级学院开过会，征求一些学生的意见。每个宿舍有一个代表，这个代表数就很大，因此这些人的想法就会形成一个越织越大的网，这一点还是蛮不错。”（中部XY学院学生，201806）

“在学校发展的不同时期，学生反映的问题不一样。建校初期，学校基础设施不是很完善，当时学生反映最多的是生活方面的便民设施，主要是服务设施不足的问题，比如说食堂数量不够、拥挤，图书馆面积小、图书量少。随着学校的发展，学生更多反映一些更高层次的问题，比如宿舍装空调、停水停电等问题。”（中部XY学院学工处处长，201711）

（二）参与渠道的通畅性有待提升

民办高校学生的参与管理渠道较难满足学生的实际需要，参与管理的通畅性有待提升。“您和同学都能参与学校决策中与学生利益相关的事务”和“您能通过学生代表大会、学生社团等组织表达对学校的意见”的均值（见表28）分别为3.25和3.24，说明民办高校有基本的学生建言献策渠道。访谈发现，学生代表大会、学生社团等组织在保障学生参与权中的作用弱化，较难为学生参与学校管理提供平台支持，无法较好满足学生深度参与学校管理的诉求。为减少管理和用人成本、降低突发事件的发生率，有的民办高校严格限定学生社团的成立及活动组织，学生参与社团活动的权益受限。访谈中，有教师提到以下情况：

“我们学校的学生会归学生处管，而不是校团委管，这是很少见的。所以，学生肯定无法通过学生会参与学校管理。当然学生是不知道这些的，他们只知道学生会。”（西部 HD 学院团委书记，201812）

“让所有学生参与学校管理不太可能，但我们有学代会，学生代表可以提意见。”（中部 DF 学院学工处处长，201807）

“学生参与管理的情况很少，就像最大的学生会，也就仅作为学院学生管理的一个助手，只能在老师的领导下协助管理，没法参与学院和学校的决策。”（东部 HH 学院辅导员，201712）

“学生会的权力很小，也发挥不了很大作用，也就管管纪律、查查卫生，民办高校的学生会没有充分发挥出应有的作用。我们学校也没有学生代表大会，学生组织除了学生会就是社团组织。”（中部 ZZGS 学院教师，201804）

“民办高校对学生组织态度的基本出发点是学校是否承担责任。社团活动受到的拘束太多，自主权很小，社团组织不被允许收会费，就算是免费入会的，靠拉赞助的社团，学校还要审批，担心学生贪污。涉及人数太多、有潜在危险性的社团，如自行车协会，可能绕着荒岛骑行，学校不可能审批通过。”（东部 HH 学院辅导员，201712）

民办高校外控式的学生管理方式，是造成学生参与权益不高的重要原因。访谈发现，一些民办高校采取封闭式、外控式的学生管理方式，定时开放和关闭校园硬件设施，对学生上课、出勤、早操、自习、宿舍卫生等方面实行严格检查，将学生遵守规则情况纳入学生日常考核，与学生奖助学金评选直接挂钩。这种学生管理方式过于强调学生集体观念、共性精神的培养，很大程度上忽视了学生的自主意识和创新精神，限制了学生参与管理的空间，也极易抹杀学生的独特个性和批判精神。在访谈中，有学生和教师提到以下情况：

"大一到大二，每周末晚上都有一次'晚点名'，不能离开宿舍。平时周一到周五，如果想离校，还需要和辅导员请假。"（东部 DY 职业学院学生，201712）

"学校的管理和要求比较严格，对宿舍卫生、到课率等各个方面都有明确要求。"（中部 DF 学院学生，201809）

"我们学校制定了一系列相关办法或是政策，辅导员需要'三进'，一是走进课堂，抓学风；二是走进宿舍，抓文明；三是走进责任区，抓卫生。"（中部 XY 学院学工处处长，201712）

"学校管理人员主要是维护学校管理秩序，民办高校绝对不允许出现学生安全事故。我做学生处处长时，对于学生的安全问题一点不敢松懈，全天 24 小时都感到很紧张，就担心学生出事。"（西部 NY 学院学工处前处长，201810）

三、学生意见较受重视，院系管理时有越位

由监督权益保障的理论模型可知，监督权益包含 3 个指标，各指标均值与变异系数如表 29。

表 29　监督权益保障各指标均值表（N=16 305）

指标	均值 (M)	标准差 (SD)	变异系数 (CV)
学校做出与学生利益相关决策前能征求您的意见	3.13	1.014	0.324
您的建议能得到及时反馈	3.21	0.941	0.293
您提出的申诉能得到有效解决	3.23	0.933	0.289

调查发现，民办高校学生的监督权益保障（M=3.19，CV=0.279）处于中等水平，结合访谈分析，发现学生意见和申诉能得到一定重视，但学生主体地位有待提高，这主要由学生管理实践的程序正义缺失所致。

（一）学生意见能受到一定重视

学生在学校管理决策的地位受到一定重视，能对与自身利益相关的决策提出批评、发表意见、进行监督。“学校做出与学生利益相关决策前能征求您的意见”和“您的建议能得到及时反馈”的均值为3.13和3.21，说明民办高校在管理决策前能适当征求学生意见，学生意见基本能得到及时、有效的反馈。结合访谈发现，涉及学生切身利益的重大决策，民办高校一般会事先听取学生心声、征求学生意见，采纳学生的合理合情建议，尊重学生的主体地位。访谈中，有辅导员老师和学生提到以下情况：

“学校想出台一个学生管理制度或措施，会全面征求学生意见，当然有一些政策文件，也不会征求所有学生意见，会找一些学生代表。”（中部XY学院辅导员，201712）

“以前一般重大的决策不会征求学生意见，但编制最新版的学生手册时，征求了学生的意见。”（东部HH学院辅导员，201712）

“几乎在每个学期的期中，都会有一次期中座谈检查会，领导会问我们学习、生活方面的事情，如果对学校有什么意见，还可以进行更深层次的讨论。有人进行专门的记录。”（东部WS学院学生，201806）

“每个学期都会有很多学生对学校方案、学校管理，还有学校设施的更新、培训等提出意见。这学期我已经参加了一次，当时讨论的主要是工作就业和学习软件的更新。”（东部YC学院学生，201805）

“曾经有一门老师教得不是很好，我们就向学校反映了，之后这位老师改变很大。”（东部ZS职业学院学生，201805）

（二）院系管理时有越位

一些民办高校过于强调学校整体利益，对学生个体的参与权、监督权等重视不够，学生日常管理中“规训”色彩较浓，“个性化”色彩不够，学生日常管理规定中常有“严禁”“禁止”等字眼。有的学生自视为“被管理者”，揭示出学生在民办高校内部治理中的缺位，折射出民办高校行政权力和学生监督权利之间的博弈关系。访谈中，有教师和学生提到如下情况：

“之前学生到学院办事比较难，比如交个材料、盖个章，有的学院老师服务意识不是很强，有时确实是学生材料没有准备充分，或者有的部门工作没有对接好，客观上产生了不好的影响；现在我们建立了一个校级的学工处，能发挥统筹协调的作用，学生办事便利了不少。”（东部 WXTH 学院学工处处长，201804）

“在学院层面，假如我们的权益受损或者受到不公正待遇，我们有向院长或校长表达我们意见的机会。”（东部 ZS 职业学院学生，201805）

学生参与管理实践存在程序正义缺失，是学生监督权益保障水平不高的重要原因。一方面，民办高校章程和校内规范性文件制定过程缺少必要的程序正义。国外大学章程明确规定了大学决策程序、学生权利和义务、学生事务管理等内容，学生参与治理有明确的制度依据。据调查，我国民办高校章程文本普遍存在内容要素不齐全、内部权力结构不均衡、民主监督机制不健全等问题，突出表现为学生代表大会的地位、作用及职权被忽视，学生权益救济机制被弱化。调查发现：105 所样本民办本科院校章程文本中，仅有 13 所民办高校有学生代表大会制度的相关表述，占比仅为 12.4%，17 所民办本科院校章程未规定学生权益的救济机制。①

另一方面，学生管理实践存在程序正义缺失。虽然民办高校学生权利意

① 王维坤，张德祥．我国民办高校章程文本表达现状研究——基于 105 所民办本科高校章程的文本分析 [J]. 中国高教研究，2017(7):43-48.

识不断增强，能对缺乏程序正义的处理结果提出申诉或诉讼，运用法律武器捍卫自身合法权益，但不少民办高校依然推行外部控制式的学生管理模式，注重惩罚、忽视教育，注重管理效率、忽视管理过程，有的民办高校采用从严、从重的学生处分方式，从重处罚的规定较为普遍，学生权利常被侵犯。有些民办高校的学生管理制度中，没有学生参与管理的专门条款和权利救济保障机制，导致学生参与管理权益无法可依。[①]

第三节 参与管理权益保障的优化路径

面对民办高校学生参与管理权益保障的共识、现状及成因，需在尊重学生主体地位的基础上，加强高校信息公开制度建设，不断拓宽学生参与管理渠道，切实尊重学生的主体地位，有效保障学生的知情权益、参与权益和监督权益。

一、加强信息公开制度建设，扩大信息公开范围

当前，民办高校学生仅能基本了解与自身利益直接相关的信息，校务管理信息的透明度不高、学生知情权益保障的落差较大，需从提高学校信息公开意识、加强信息公开制度建设、拓展信息公开渠道等方面，不断扩大信息公开范围，让学生及时、全面、便捷地获取学校信息。

（一）加强信息公开制度建设

针对民办高校信息公开工作存在行为被动建设、专栏设置过少、内容准确度不高、实质性信息较少等问题，需要不断加强信息公开制度建设，切实

① 陈丽．民办高校学生处分制度的完善[D]．合肥：安徽大学，2016．

保障民办高校学生的知情权益。

第一，认清信息公开的必要意义。畅通的信息获取渠道能为学生提供广阔的认同空间，使民办高校管理获得合法性认可与支持。须充分认清信息公开对学生参与管理、优化内部治理结构、建设现代大学制度的重要作用，将信息公开制度建设提上重要日程，明确信息公开的机构、渠道、方式等内容。

第二，研制民办高校信息公开办法。依据《高等学校信息公开办法》等政策要求，制定民办高校信息公开行动指南，明确信息公开范围，重点公开学生的学籍管理、学位评定办法、学生申诉途径与处理程序、学生奖助学金、助学贷款、勤工俭学、学费减免的申请与管理规定等信息，使学生全面获悉与自身利益直接或间接相关的信息，及时、全面了解学校重大战略决策等校务信息。

第三，建立“一站式”的事先告知制度、事中公开制度和事后查阅制度。坚持公正、透明、及时的基本原则，依法履行民办高校信息告知义务，推行全流程信息公开举措，建立校务信息公开常态化机制，形成事先、事中和事后前后衔接的一体化信息公开机制，不断扩大信息公开范围，适当延长信息公开时间，满足不同学生的信息获取习惯，使学生能自主、便捷地获取学校信息，保障学生的知情权益。

（二）扩大信息公开范围

研究发现，民办高校的学校决策信息透明度不高，学生无法有效获知学校发展规划、战略决策、人事变动等信息，迫切需要扩大信息公开内容、拓展信息发布渠道。

一方面，民办高校自觉拓展信息公开范围。全面公开学校发展规划、组织与人事信息、财务与资产信息、教学信息、教师工作信息等，让学生全面了解学校发展动态，鼓励学生积极提出切实可行的建议，不断提升民办高校内部治理的现代化水平。同时，进一步公开学生管理服务信息、学位学科信息、对外交流与合作信息等与学生利益直接相关的信息，[①] 畅通学生权益维护的信息渠道，减少因信息不对称产生的学生利益受损情况。发挥网络自媒体的跨时空特性，借助官方微信、微博等渠道及时发布信息，提升信息公开效率，保证学生参与管理的实效性、便捷性。

另一方面，学生主动申请学校信息公开。《高等学校信息公开办法》将“学生申请学校信息公开”作为保障学生参与权益、知情权益和监督权益的重要救济途径，规定各级各类高校应公开招生、考试与录取规定，学籍管理、学位评定办法，学生申诉途径与处理程序，毕业生就业指导与服务情况等信息，[②] 民办高校学生需把握好自身享有的申请学校信息公开权，既要关注与自身利益直接相关的信息，也要明确自身的主人翁地位，积极关注学校战略决策信息，考量学校信息公开范围、内容、方式的合法性，切实捍卫自身合法权益。

二、搭建参与管理平台，拓宽学生参与渠道

本研究发现，不同家庭资本、社会资本和文化资本学生的参与管理权益保障水平不尽相同，大三学生参与管理权益保障水平高于其他年级学生，第一志愿学生参与管理权益保障水平高于非第一志愿和调剂学生。须立足于学生的思想准备、参与基础、参与意愿等情况，打造“人人能参与、人人可参与、人人会参与”良性格局，满足不同类型学生参与管理的意愿和诉求。

（一）搭建学生参与管理平台

当前，样本民办高校学生的参与管理平台依然不足，学生会、社团组织等功能有所弱化，学生对学校日常管理工作的监督不足，亟待搭建学生参与

① 黄洪兰，柳海民．探索营利性与非营利性民办高校分类管理——以吉林华桥外国语学院为例 [J]. 高校教育管理，2018，12(04):81-87.

② 李进付．依法治教背景下高校学生管理体制改革与创新 [J]. 思想理论教育，2018(3):105-110.

管理平台、增强学生参与实效。

一方面，建立学生代表提案机制。校团委成立专门的学代会提案工作部，联合学工处、就业创业处、教务处等相关职能部门，构建学生代表提案工作机制，鼓励学生以提案的方式表达诉求、反映问题、提出建议。同时，积极研制民办高校《学生提案工作实施办法》，明确相关部门职责，规范学生提案工作开展流程，进一步健全工作体系，健全工作落实机制，满足学生在教育教学、生活服务、成长成才等方面的基本诉求，构建起学生合法权益保障的防护网。

另一方面，成立专门的学生管理服务纠察部门。联合学工系统、教务系统、教师系统、后勤系统等，成立校级学生管理服务纠察部门，统一受理学生的举报与投诉，对于多次被学生投诉举报的部门，根据情节严重程度和有关规定，予以部门负责人以警告、记过、降级等处分，逐步优化内部治理问责机制。当然，民办高校学生应严格遵守规章制度要求，按照法定程序行使自身的表达和监督权，积极为学校发展建言献策。

（二）拓宽学生参与管理渠道

访谈发现，民办高校学生的参与管理渠道不畅，存在学生参与职权受限、参与管理浮于表面等问题，需进一步拓展学生参与途径、丰富学生参与管理方式。

一方面，建立学生参与管理民主评议机制。定期以问卷调查、电话访谈、现场交流等方式，了解学生对学校各项事务的态度、意见与建议，重点关注学生的参与管理满意度，检验学校是否有效保障了学生的知情权益、参与权益和监督权益，督促学校不断优化学校教育教学、学生管理、社会实践等工作。建立学生参与管理评议机制，定期组织专题座谈，听取学生对学校奖惩管理、奖助评选、后勤服务、收费管理、教师选聘等的看法，[1] 主动倾听学

---

① 施彦军，汤兆云．民主治理视阈下当代大学生参与高校治理：必要性、障碍及其路径选择 [J]. 黑龙江高教研究，2017(9):47-51.

生心声，减少信息不对称现象，逐步提升学校的学生服务品质。

另一方面，打造参与型的学生管理模式。通过权力下放、合理赋权等方式，赋予学生骨干参与学生事务管理的权力，激发学生参与管理的积极性，充分发挥学生的主观能动性。扩大民主座谈会、学生意见听取会等活动的开放度，突破学生身份、年级、专业等限制，不断提高非学生干部的参与热情，广泛听取非学生干部的心声，畅通所有学生的参与管理渠道，确保学校决策的科学性和民主性。

三、转变学生管理理念，尊重学生主体地位

研究发现，民办高校学生管理实践存在明显的程序正义缺失，学生主要通过“用脚投票”（不就读该校或退学）的方式监督学校，[①] 学生在内部治理中的主体地位缺失，迫切需要转变民办高校的学生管理思路，尊重民办高校学生的主体地位。

（一）深化对学生参与管理的认识

面对民办高校学生主体地位体现不足的现状，需大力提升对学生参与管理的意义、内容和规律的认识，将学生主体地位体现在学生日常管理工作的全过程。

第一，明确学生在民办高校内部治理中的主体地位。充分尊重学生的主体意识和主体能力，认清学生参与管理对优化内部治理结构、促进高校转型发展的重要意义，将学生参与管理权益保障和大学内部治理变革有机统一，给予其充分的承认。深入理解学生参与管理权益的内容，明确学生不仅享有知情权，还享有参与权、表达权和监督权；学生不仅有权参与和自身利益相关的事务，更有权监督学校重大战略决策制定与运行；学生不仅享有结果性

① 施文姝，周海涛．民办高校内部治理的变革特征、基本模式和未来走向[J]．现代教育科学，2019(1):11-17.

权益，还享有程序性权益。

第二，尊重学生参与管理的个性化。立足民办高校学生参与管理权益的层次性，根据学生的年级、专业、专业层次等背景信息，综合考虑学生的参与能力、参与意愿、参与经验等因素，提供尊重个性、包容开放的参与机会，有效满足不同学生的知情权、监督权、建议权、咨询权和评议权、决策权、表决权、投票权等诉求。

第三，认清学生参与管理的渐进性。立足各级学生参与管理权益保障的难易程度，优先保障学生知情权、监督权、建议权等基本权益，保证所有学生都有参与机会，着眼于学生的更高参与诉求，提供富有层次的参与管理机会。同时，根据学校内部治理变革进程，动态调整学生参与管理权益的内容，保持制度变革与学生参与管理层次同向发展，切实保障学生的参与管理权益。

（二）明确学生的主体地位

本研究发现，一些民办高校的管理者和学生地位高低有别，学生主体地位受到一定限制，参与学校管理的基础和空间不足，需要进一步明确民办高校学生的主体角色，体现学生的主体地位。

一方面，更新角色认知，明确学生的主体角色。作为购买高等教育服务的群体，学生不仅是受教育者，还是高等教育服务的消费者，其依法享有消费者的相关权益。民办高校应主动转变学生管理思路，铭记服务者角色，广泛听取不同学生心声，积极采纳学生提出的宝贵意见，让学生真正成为学校改革发展的参与者和见证人。

另一方面，构建柔性学生管理机制，尊重学生主人翁地位。主动克服行政本位的学生管理思路，逐步下移权力重心，构建富有柔性的学生管理机制，增强二级学院和基层教学单位的服务力，尊重学生的主人翁地位，为学生知情权益、参与权益和监督权益的实现留足空间，构建利益主体多元参与、学生主体地位充分彰显的内部治理结构。

结　语

本研究以承认理论和服务公平理论为理论基础，建构了包含4个一级维度、11个二级维度的民办高校学生权益保障理论模型。通过对全国东、中、西部20所民办高校学生的调查，发现民办高校学生权益保障处于中等水平，这无疑是各级政府、教育行政部门、民办高校、社会用人单位、公办高校等主体充分承认、共同努力的结果。必须认清的是，当前利益相关者仅在形式上承认了民办高校学生权益保障的重要性，民办高校学生尚未充分享有与同级同类公办高校学生同等的权利和尊严。保障民办高校学生权益，不能停留于一种内心意愿或口头表达，更要真正满足学生的被承认、被尊重的内生需求。

一、研究反思

第一，把握民办高等教育本质、关注学生生命质量与生命价值，是保障民办高校学生权益的思想基础。实际办学中，仍有一些民办高校管理者固守工具理性的思维方式，片面重视民办高等教育的投资回报率，忽视了高等教育的公益性，一些高校以“为社会公共事业做贡献”之名，行“获取个人私利”之实，这种以学生身心健康发展和成长成才为代价的行为，置教育的公益性于不顾，不利于民办高校自身的健康可持续发展。从个体生命发展的视角，教育的本质即提高生命质量与提升生命价值。提高生命质量，就是使个体通过教育提高生存能力，从而过有尊严和幸福的生活；提升生命价值，则是使个体通过教育提高思想品德与才能，通过与他人、他事的关系中，为社会做出有价值的贡献。[①] 从个体发展视角看，只有获得与其他同类成员同等的重视，理解其他共同体成员的不同生活形式，才能确保自身权益不被集体侵害，才能平等地被赋予竞争机会，才能体验到自己是对社会有价值的存在，才能得到社会的普遍承认与尊重。为此，各利益相关者需站在学生成才成长

① 顾明远.再论教育本质和教育价值观：纪念改革开放40周年[J].教育研究，2018(5):4-8.

的人文主义立场，坚持以生为本的办学理念，充分尊重、关爱民办高校学生，切实保障民办高校学生权益，推进公办、民办高校学生权益保障的“同等化”进程。

第二，“学生权益”是教育资源配置的关键保障要素，更是考量高等教育公平正义的重要标尺。教育资源的分配不单单局限于物质层面，共同体成员的权利、尊严、荣誉、资格等虽不属于分配范畴，却是教育公平中不可或缺的部分。在论及民办高校学生权益保障问题时，学界和业界不可避免地采用增加个人福利、提高服务效用等方式来提升教育服务的公平度，期望用“补偿”原则实现教育资源均等，而这种以逐利性为价值假设的教育发展观是将物质平等视为教育公平的必要条件，过于追求物质的平等性。① 实际上，“权益”是教育资源分配的关键保障要素，学生权益显然是高等教育资源分配的重要保障要素。民办高校学生权益保障的达成度能对学生满意度、获得感和幸福感产生深远影响，更关系着高等教育的现代化水平和社会的公平正义程度，须坚定落实民办高校学生同等资助等相关政策，让民办高等教育共享新政策、获得新发展，让民办高校学生学习有动力、生活有希望。

第三，民办高校学生权益“保障”是一种底线支持，其目标在于使民办高校学生获得与同级同类公办高校学生同等的权益。新《民促法》及配套政策重申了民办高校学生在评奖评优、升学就业、福利优待、医疗保险等方面的权益，强调了民办高校学生的同等法律地位，民办高校学生权益的法律保护网得以加固。实际上，“学生权益保障”并非满足学生的所有需要，而是保障一种基本需要，提供一种基本支持。多亚尔和高夫认为，人的基本需要是普遍的，不以人的意志为转移而客观存在的。② “基本需要”是普遍化的与人利益攸关的目标和策略，“需要”是无意图的，来源于客观世界；而“想

① 程天君．以人为核心评估域：新教育公平理论的基石：兼论新时期教育公平的转型[J]. 华东师范大学学报（教育科学版），2019(1):116-123.

② 罗静，沙治慧．社会保障“基本需要”的理论解释及启示[J]. 社会保障研究，2019(1):51-57.

要”的目标是主观的、个性化的、有意图的，依赖于客观世界。显然，身心健康发展、自主能动性是民办高校学生的普遍客观需要，不满足这种需要即被视为危害学生的客观利益。[①]因此，民办高校学生权益保障范围仅限学生的客观、基本需要，不涵盖学生所有想要的服务，社会公共福利的价值诉求也是首先保证民办高校学生获得与同级同类公办高校学生同等的权益。

二、研究创新

本研究努力在理论模型构建、现状水平分析、权益保障路径等方面有所创新。

第一，采用定量为主的研究方法，构建民办高校学生权益保障的理论模型与分析框架。面对业界对民办高校学生权益保障水平评价不一，学界关于民办高校学生权益保障研究系统性不强、实证研究方法应用不足等现状，本研究采用德尔斐法等研究方法，建构了民办高校学生权益保障的理论模型，研制《民办高校学生权益保障状况调查问卷》，继而采用问卷调查法和访谈法，深入探析学生权益保障的现状及成因，提出保障学生权益的优化路径。

第二，调研总结了学界和业界对民办高校学生权益保障的认识。本研究发现民办高校学生权益保障达到了中等水平，这与学界和业界“民办高校学生权益得不到有效保障”“民办高校学生权益基本实现”等评价不同，有利于客观全面地认识民办高校学生权益保障水平；同时，民办高校学生各项权益保障的理性诉求、现状及成因各异，丰富了民办高校学生权益保障的理论视阈，为民办高校学生权益保障的实践提供了参考。

第三，提炼了保障民办高校学生奖励资助、福利优待、学业就业和参与管理权益的优化路径。本研究聚焦奖助覆盖面有限、奖助名额分配失衡、奖助发放有待规范、社会优待政策有待协同、校级医疗服务水平亟待提高、学

① 多亚尔，高夫．人的需要理论[M]．汪淳波，译．北京：商务印书馆，2008:55

习服务质量不高、就业创业实效不强、社会认可度不高、校务信息不够透明、参与渠道不够通畅等权益保障现状，依次提出针对性建议，提炼总结保障奖励资助权益、福利优待权益、学业就业权益和参与管理权益的路径，为切实保障民办高校学生权益提供有益参考。

三、研究局限

限于笔者的能力和水平，本书尚有很多不足之处。未来将努力增强样本的代表性和结论的解释力。

一方面，访谈样本的代表性问题。受制于笔者的研究精力和被访对象的可得性，半结构式访谈（座谈会）主要集中在中、东部地区，以中、东部地区的民办高校学生、辅导员、学生工作管理者为主，西部地区的访谈主要通过电话、网络等一对一的方式开展，且样本量相对较少。

另一方面，研究设计的扩展性问题。本研究的实践意义在于让民办高校学生获得与同级同类公办高校学生同等的权益。但受取样难度等限制，仅调查了民办高校学生，后续研究将优化研究设计，同时对同级同类公办高校学生权益保障状况开展调查，通过对比民办、公办高校学生权益保障水平，探究民办高校学生是否获得了与同级同类公办高校学生同等的权益。

四、未来展望

探究民办高校学生权益保障议题，需立足于民办教育分类管理改革的宏观背景，加强追踪调查和横向对比研究，把握民办高校学生权益保障水平的动态变化，精准调查民办高校学生与同级同类公办高校学生权益的同等性水平。

本研究的选题、开题、实地调研等都在新《民促法》及其配套政策颁发后开展，利益主体对民办教育新法新政的认同水平不尽相同，地方教育行政部门的思想准备度、政策转化力、政策执行度等各有差异，民办高校举办者和管理者对分类管理改革的价值导向、分类标准、实施效果等喜忧参半，各地《实施意见》等配套政策的出台时间和细化程度不同，这构成民办高校学生权益保障的主要政策背景。地方教育行政部门的政策承接与执行能力高低、民办高校学生权益保障配套政策的完备度及可操作性等，深刻影响着民办高校学生权益保障水平，民办高校学生权益保障水平并非一成不变，而是处于动态变化中。

未来研究应立足于分类管理政策落地生效的宏观背景，把握地方分类管理改革酝酿期、落地期、实施期、成熟期等阶段性特征，跟踪不同阶段民办高校学生权益保障的现状特征与影响因素，提出有针对性的优化路径；还应开展系统的横向对比研究，综合采用定量和定性研究方法，对比分析民办高校学生与同级同类公办高校学生权益保障的同等性水平，进一步明确新时期民办高校学生权益保障的着力点和突破口，切实保障其合法权益。

参考文献

一、中文参考文献

[1] 霍耐特．物化：承认理论探析 [M]. 罗名珍，译．上海：华东师范大学出版社，2018:132.

[2] 布尔迪约，帕斯隆．继承人：大学生与文化 [M]. 邢克超，译．北京：商务印书馆，2002:5-31.

[3] 陈向明．质的研究方法与社会科学研究 [M]. 北京：教育科学出版社，2000:110.

[4] 风笑天．社会研究：科学与艺术 [M]. 北京：北京大学出版社，2015:23.

[5] 高兆明．存在与自由：伦理学引论 [M]. 南京：南京师范大学出版社，2004:504.

[6] 霍耐特．为承认而斗争 [M]. 胡继华，译．上海：上海世纪出版集团，2005:115，124，143.

[7] 李和佳．承认的哲学：霍耐特承认理论研究 [M]. 合肥：安徽人民出版社，2010:31.

[8] 李伟民．法学辞源 [M]. 北京：中国工人出版社，1994：393.

[9] 李钊．民办高校风险管理：理论与实践 [M]. 北京：教育科学出版社，2012:102-103.

[10] 多亚尔，高夫．人的需要理论 [M]. 汪淳波，译．北京：商务印书馆，2008:55.

[11] 陆学艺．当代中国社会流动 [M]．北京：社会科学文献出版社，2004:18.

[12] 毛勇．中国公办、民办高校公平竞争研究 [M]．厦门：厦门大学出版社，2009:182-188.

[13] 冈伯特．高等教育社会学 [M]．朱志勇，范晓慧，译．北京：北京大学出版社，2013:53.

[14] 饶克勤，王明亮．知识管理理论、方法与实践：知识管理与卫生循证决策 [M]．北京：科学出版社，2010:35.

[15] 涂尔干．社会分工论 [M]．北京：生活·读书·新知三联书店，2000:11.

[16] 王昆来．民办高等教育管理研究 [M]．成都：西南财经大学出版社，2012:240.

[17] 王昆来．民办高校学生事务管理研究 [M]．成都：西南财经大学出版社，2012:162-163.

[18] 吴明隆．问卷统计分析事务：SPSS 操作与应用 [M]．重庆：重庆大学出版社，2010:3，7.

[19] 吴忠民．社会公正论 [M]．济南：山东人民出版社，2004:121-122.

[20] 布鲁贝克．高等教育哲学 [M]．王承绪等，译．杭州：浙江教育出版社，2001:41-43.

[21] 克雷斯威尔．混合方法研究导论 [M]．李敏谊，译．上海：上海人民出版社，2015:17.

[22] 麦克米伦，舒马赫．教育研究：基于实证的探究（第 7 版）[M]．曾天山，译．北京：教育科学出版社，2013:15-16.

[23] 湛中乐．学生权利及其法律保障 [M]．北京：中国法制出版社，

2017:1-5.

[24] 张智强．大学生参与高校管理研究 [M]．上海：上海人民出版社，2012:3，105-109.

[25] 周海涛等．中国教育改革开放 40 年・民办教育卷 [M]．北京：北京师范大学出版社，2019:224.

[26] 霍耐特，胡大平，陈良斌．承认与正义：多元正义理论纲要 [J]．学海，2009(03):79-87.

[27] 毕会东，陈朝晖．珠三角地区民办高校创新创业教育课程研究 [J]．继续教育研究，2017(12):25-27.

[28] 程天君．以人为核心评估域：新教育公平理论的基石：兼论新时期教育公平的转型 [J]．华东师范大学学报（教育科学版），2019(1):116-123.

[29] 蔡瑜琢，阎凤桥．中国大陆民办高等教育多样性与同型性问题研究 [J]．浙江树人大学学报（人文社会科学版），2012(2):6-16.

[30] 曹慧丽．学生权益保护的制度完善：利益平衡的视角 [J]．江西社会科学，2016(1):247-251.

[31] 陈清，束燕．提高民办高校学生资助效率的新视角：发展性资助 [J]．洛阳理工学院学报（社会科学版），2015(3):67-71.

[32] 陈智旭，毕振力，范颖茵．民办高校学生资助研究：基于与公办高校的对比 [J]．现代教育管理，2014(6):119-124.

[33] 丁兆增．民办高校学生的受教育权法律保护研究 [J]．牡丹江师范学院学报（哲学社会科学版），2006(6):19-21.

[34] 董柏林．十年来我国学生参与大学治理研究进展与展望 [J]．黑龙江高教研究，2018(12):31-35.

[35] 杜红玉，石凤．广西民办高校学生参与学校管理的调查研究 [J]．才

智，2018(5):4-7.

[36] 樊万奎，段兆兵．我国高等教育公平研究的回顾与思考：基于 1999—2010 年核心期刊论文的计量分析 [J]. 当代教育科学，2011(11):50-52.

[37] 高伟．从追求绝对正义到反对非正义：教育正义论的范式转换 [J]. 教育研究，2016(8):13-22.

[38] 顾明远．再论教育本质和教育价值观：纪念改革开放 40 周年 [J]. 教育研究，2018(5):4-8.

[39] 顾晓虎．提高民办高校本科生就业竞争力的策略研讨 [J]. 中国高等教育，2007(7):49-50+44.

[40] 郭二榕．民办高校学生创造性倾向实证分析 [J]. 高等理科教育，2017(2):59-63+99.

[41] 洪春辉．消费者权益保护下民办高校教育消费者知情权益研究 [J]. 长春工业大学学报（高教研究版），2012(1):46-48.

[42] 洪少春，黄昆民．基于教育消费维权的民办高校学生参与学校管理权利研究 [J]. 学理论，2009(30):254-256.

[43] 洪少春．民办高校学生参与学校行政管理研究 [J]. 长江大学学报（社会科学版），2008(6):313-315.

[44] 胡弼成，杨晓睿，周珍．守正培根：处境不利学生教育补偿的指向 [J]. 湖南师范大学教育科学学报，2018(2):26-30.

[45] 胡春．民办高校大学生创业支持系统的缺失与培育路径 [J]. 继续教育研究，2017(6):25-27.

[46] 胡国庆，赖声利，叶阳．公办高校与民办高校学生权益满意度的比较 [J]. 上饶师范学院学报，2013(5):42-48.

[47] 胡洪彬．我国教育公平研究的回顾与展望：基于 2002—2012 年 CNKI

期刊数据的分析 [J]. 教育研究，2014(1):54-59.

[48] 黄洪兰 . 民办高校学生资助政策研究：基于公共财政运行规则的视角 [J]. 教育发展研究，2012(11):29-33.

[49] 黄厚明 . 高校学生管理行为合法性判决研究：基于两种法治模式的考察 [J]. 高教探索，2018(2):12-16.

[50] 黄厚明 . 高校学生管理中的程序正义研究 [J]. 现代教育管理，2017(7):78-82.

[51] 黄向阳 . 公平之道的探索：以排座位为例 [J]. 全球教育展望，2017(4):109-117.

[52] 金一斌 . 大学生参与高校管理：由来、视角、趋势 [J]. 中国高等教育，2016(2):29-32.

[53] 鞠凤琴，李新仓 . 行政法下高校学生权益保护对策探究 [J]. 黑龙江教育（高教研究与评估），2017(10):39-40.

[54] 开芳 . 民办高校毕业生主要就业影响因素的调查与分析 [J]. 江苏高教，2014(1):137-138.

[55] 雷军莉 . 民办高校大学生学习满意度调查研究 [J]. 决策探索（下），2018(11):47.

[56] 罗静，沙治慧 . 社会保障“基本需要”的理论解释及启示 [J]. 社会保障研究，2019(1):51-57.

[57] 李宝光，苗培栋 . 基于微信公众平台的学生权益保护机制构建研究 [J]. 兰州教育学院学报，2017(5):72-73.

[58] 李储学 . 民办高校创新创业教育生态圈战略及其构建 [J]. 中国成人教育，2017(23):33-37.

[59] 李曼，王磊 . 民办教育分类管理如何制度化：基于新制度主义视角

[J]. 教育与经济，2018(6):79-85.

[60] 李虔 . 论中国民办高等教育发展的逻辑转向 [J]. 东北师大学报（哲学社会科学版），2018(4):190-194.

[61] 李清聚 . 以“四个全面”战略布局引领当代中国政治认同 [J]. 理论导刊，2017(8):24-27.

[62] 李胜利 . 政府在社会保障体系建设中的职能定位分析 [J]. 经济师，2018(10):35-36.

[63] 林成华，洪成文 . 大学生就业公平失衡的社会危机与化解对策研究：基于政府责任的视角 [J]. 中国高教研究，2014(7):8-13.

[64] 刘敏 . 民办高校实习课程教学改革研究：以重庆人文科技学院为例 [J]. 西南师范大学学报（自然科学版），2018(1):188-192.

[65] 刘瑶，赵松 . 法治视域下强化高校学生合法权益保护的思考：以双重法律关系为中心 [J]. 民营科技，2016(9):219-221.

[66] 刘志忠 . 质性方法之于高等教育研究的缺位与在场策略 [J]. 江苏高教，2017(9):19-22.

[67] 鲁世林，马榕那，黄博一 . 我国教育实证研究的范式特点、问题与应为之策 [J]. 教育探索，2017(5):1-5.

[68] 毛拓艺，林春梅 . 民办高校精准资助对策研究 [J]. 教育教学论坛，2016(46):59-60.

[69] 蒙象飞 . 利益共享、制度正义与价值共识：当代中国政治认同建设的三重困境 [J]. 云南民族大学学报（哲学社会科学版），2019(1):12-17.

[70] 倪洪涛 . 大学生学习权的类型化 [J]. 现代大学教育，2010(3):11-18.

[71] 牛三平 . 民办高校深化创新创业教育改革探析：以山西工商学院为例 [J]. 教育理论与实践，2016(28):33-35.

[72] 潘丽娜．民办高校参与型学生教育管理探究 [J]. 经济师，2015(1):204-205.

[73] 彭安臣．教育公平与国家对民办高校的资助 [J]. 民办教育研究，2004(4):54-58.

[74] 权麟春．民办高校学生学习能力的现状与对策 [J]. 教育与职业，2013(17):180-182.

[75] 任海涛，孙冠豪．完善高校学生权益保障机制研究：基于新修订的《普通高等学校学生管理规定》[J]. 思想理论教育，2017(5):95-101.

[76] 申素平．保障学生合法权益 推进高校学生管理法治化 [J]. 中国高等教育，2017(9):17-20.

[77] 沈树永．浅谈沪上民办高校国家助学贷款政策 [J]. 哈尔滨学院学报，2010(12):100-102.

[78] 沈逸君，王芳．民办高校学生就业竞争力提升的非智力因素策略 [J]. 江苏高教，2015(1):108-110.

[79] 史少杰．民办高校学生创业认识分析 [J]. 高等理科教育，2017(3):82-86.

[80] 施彦军，汤兆云．民主治理视域下当代大学生参与高校治理：必要性、障碍及其路径选择 [J]. 黑龙江高教研究，2017(9):47-51.

[81] 施文妹，周海涛．民办高校内部治理的变革特征、基本模式和未来走向 [J]. 现代教育科学，2019(1):11-17.

[82] 尚航，张德祥．剑桥大学学业指导体系的构成、特点及启示 [J]. 现代教育管理，2019(1):119-123.

[83] 苏宇．学生权利的崛起与大学权力格局的变革 [J]. 北京教育（高教），2016(12):8-10.

[84] 孙美娇，潘成．江西省民办高校创新创业教育的规范研究 [J]. 职教论坛，2016(14):34-37+45.

[85] 孙英敏，张川．浅谈如何提高民办高校学生学习的积极性 [J]. 中国校外教育，2012(16):3+20.

[86] 万凌峰，郑洲．完善高校学生申诉权益保障机制的几点思考 [J]. 九江职业技术学院学报，2014(3):63-64+68.

[87] 王翠英．民办高校学生资助政策执行中的几点思考 [J]. 求知导刊，2016(1):62-63.

[88] 王广飞．教育公平视域下高等教育学生权益保障研究 [J]. 黑龙江高教研究，2014(12):20-22.

[89] 王美春．大学生合法权益保障探析 [J]. 人民论坛，2012(2):76-77.

[90] 王敏，廖海洪，毋登辉，等．高校学生会促进学生权益维护的机制和载体研究 [J]. 大学教育，2017(7):180-181.

[91] 王敏．学生专业社团为主体的大学生权益维护模式分析 [J]. 教书育人（高教论坛），2017(18):22-23.

[92] 王维坤，张德祥．我国民办高校章程文本表达现状研究：基于 105 所民办本科高校章程的文本分析 [J]. 中国高教研究，2017(7):43-48.

[93] 韦相晓．民办高校大学生就业指导课教学存在的问题分析及对策 [J]. 教育与职业，2016(18):92-94.

[94] 吴华，胡威．公共财政为什么要资助民办教育？[J]. 北京大学教育评论，2012(2):43-55+188.

[95] 吴淑姣．公办高校与民办高校学生求学成本与就业的比较分析：对 3 省 7 所高校专科生的调查 [J]. 教育与经济，2004(2):6-10.

[96] 吴喜涛．新媒体背景下高校学生主体性权益研究 [J]. 现代教育管理，

2016(4):124-128.

[97] 习近平．切实把思想统一到党的十八届三中全会精神上来 [J]. 求是，2014(1):3-6.

[98] 石中英．回到教育的本体：顾明远先生对于教育本质和教育价值的论述 [J]. 清华大学教育研究，2018(5):4-11.

[99] 夏丹．民办高校家庭经济困难学生创业问题及对策研究 [J]. 教育理论与实践，2017(3):18-19.

[100] 谢平华．上海市民办高校学生资助政策存在问题研究 [J]. 今日中国论坛，2013(12):140-141.

[101] 徐超．我国民办高校大学生就业力提升路径：基于 CareerEDGE 模型的分析 [J]. 教育与教学研究，2018(8):15-21+125.

[102] 徐雪梅，迟浩田．新常态下地方政府的政策转化能力与优化路径 [J]. 大连海事大学学报（社会科学版），2017(4):81-86.

[103] 许凤肖，张茜，冯译冉．民办高职院校学生职业指导路径探析 [J]. 学校党建与思想教育，2016(12):78-80.

[104] 禤福英．基于保障学生就业权益的职业院校劳动法律指导 [J]. 教育与职业，2016(8):111-113.

[105] 闫丽雯．民办高校学生学习力量表的编制及初步应用 [J]. 重庆高教研究，2017(6):92-101.

[106] 闫丽雯．民办高校学生学习力水平分析 [J]. 高等理科教育，2017(2):64-68.

[107] 阎光才．教育研究中量化与质性方法之争的当下语境分析 [J]. 教育研究，2006(2):47-53.

[108] 杨洁．高校学生权益救济制度研究 [J]. 职业，2015(17):55-56.

[109] 杨燕，白龙博，文姣，等．大学生参与高等学校管理的法理分析与实证研究 [J]. 中国电力教育，2014(35):40-41.

[110] 虞新胜．社会主义社会机会公平及其实现路径研究 [J]. 广西社会科学，2018(9):129-132.

[111] 张弛．高校管理侵权与学生权益救济机制的现实考察：基于 1 441 份问卷的实证分析 [J]. 复旦教育论坛，2018(3):31-37.

[112] 张建邦，白岩．论教师权益的法律保护 [J]. 教师教育研究，2000(3):34-38.

[113] 张墨涵，王纾然．民办高校学生学习策略考察 [J]. 国家教育行政学院学报，2016(6):80-87.

[114] 赵炬明．精英主义与单位制度：对中国大学组织与管理的案例研究 [J]. 北京大学教育评论，2006(1):173-191.

[115] 周光礼．学习自由的法学透视 [J]. 高等工程教育研究，2005(5):24-28.

[116] 周海涛，张墨涵，罗炜．我国民办高校学生获得感的调查与分析 [J]. 高等教育研究，2016(9):54-59.

[117] 周海涛，闫丽雯．我国民办教育发展的动向和思考 [J]. 教育发展研究，2016(17):74-78.

[118] 周海涛，张墨涵．如何突破民办高校筹资的困境 [J]. 国家教育行政学院学报，2015(2):3-8.

[119] 安卓．大学生学习权益问题的社会学分析 [D]. 北京：北京师范大学，2005.

[120] 陈月．广东省民办高校大学生就业政策执行研究 [D]. 广州：华南理工大学，2018.

[121] 陈志霞．论高等教育中学生学习自由权的保障［D］．长沙：湖南大学，2008.

[122] 冯子然．民办高校毕业生就业质量评价研究［D］．上海：上海师范大学，2018.

[123] 高敏．家庭资本对高等教育机会获得的影响研究［D］．重庆：西南大学，2017.

[124] 黄琰．大学生参与高校管理的制度保障研究［D］．重庆：西南大学，2010.

[125] 李艳．大学生参与学校管理存在的问题及对策研究［D］．西安：长安大学，2013.

[126] 刘恬．欧美发达国家大学生参与学校管理初探［D］．广州：华南师范大学，2003.

[127] 吕杰昕．高等教育多元化与学生权益保护［D］．上海：华东师范大学，2008.

[128] 漆新贵．文化价值观对高等教育服务公平性与学生满意度关系的影响研究［D］．重庆：西南大学，2013.

[129] 孙文博．独立学院大学生就业服务研究［D］．北京：北京交通大学，2017.

[130] 杨晓睿．城市处境不利学生的教育情境感知及积极品质培养研究［D］．长沙：湖南大学，2016.

[131] 岳贤蓉．大学生权益诉求满意度研究［D］．南昌：南昌大学，2009.

[132] 张东梅．民办高校贫困生资助问题与对策研究［D］．合肥：安徽大学，2015.

[133] 张利国．民办学校退出法律问题研究［D］．重庆：西南政法大学，

2013.

[134] 史晓琪 . 河南省高校毕业生求职创业补贴提高 每人一次性补贴 2 000 元 [N]. 河南日报 .2019-03-05.

[135] 袁新文 . 民办大学学生纳入城镇居民基本医疗保险体系 [N]. 人民日报，2009-04-09.

[136] 郑颖 . 勤工助学薪水不如小时工，困难学生难买账 [N]. 北京青年报，2018-10-13.

[137] 教育部发展规划司 .2018 年全国教育事业发展统计公报 [EB/OL]. (2019-02-26) [2019-02-27]. http://www.moe.gov.cn/fbh/live/2019/50340/sfcl/201902/t20190226_371173.html.

[138] 教育部 . 民办高等学校设置暂行规定 [EB/OL]. (1993-08-17) [2017-10-11]. http://baike.so.com/doc/2926225.html.

[139] 教育部 . 中华人民共和国民办教育促进法 [EB/OL]. (2002-12-28) [2017-10-11]. http://www.gov.cn/test/2005-07/28/content_17946.html.

[140] 教育部 . 关于取消一批证明事项的通知 [EB/OL]. (2019-04-02) [2019-04-04]. http://www.moe.gov.cn/srcsite/A02/s7049/201904/t20190423_379235.html.

[141] 人民网 . 最新版高等教育质量“国家报告”出炉 [EB/OL]. (2017-10-16) [2019-01-31]. http://edu.people.com.cn/n1/2017/1016/c367001-29588440.html.

[142] 新华网 . 浙江 6 类毕业生可申请求职创业补贴 标准为每人 3 000 元 [EB/OL]. (2019-03-30) [2019-04-16]. http://csj.xinhuanet.com/2019-03/31/c_137937289.html.

[143] 新华社 . 中共中央 国务院印发《中长期青年发展规划（2016—2025

年 ）》[EB/OL].(2017-04-13)[2019-04-30].http://www.gov.cn/zhengce/2017-04/13/content_5185555.html.

二、外文参考文献

[1] CLARK B.The higher Education System: Academic Organization in Cross-National Perspective[M]. Berkeley， CA: University of California Press，1983:69.

[2] COHEN A M，BRAWER F.The American Community College[M].San Francisco: Jossy-Bass，2003:6.

[3] DAVIS J，FARRELL M. The market oriented University: Transforming Higher Education[M]. Cheltenham: Edward Elgar Pub，2016:45.

[4] GREENBERG J.The quest for justice on the job: essays and experiments[M].Thous and Oaks， CA: Sage Publications，1996:47.

[5] KAPLIN W A， LEE B A. The Law of Higher Education， 5th Edition: Student Version[M]. San Francisco: Jossey-Bass，2014:39.

[6] KIRST M W，VENEZIA A,et al.From High School to College: Improving Oppor tunities for Success in Postsecondary Education[M]. San Francisco: Jossy-Bass， 2004:57.

[7] PETERS R S.Ethics and Education[M].London: George Allen & Unwin Ltd，1966:34.

[8] ADAMS J S. Inequity In Social Exchange[J].Advances in

Experimental Social Psychology, 1965(4):267-299.

[9] ADAMS J S. Toward an understanding of inequity[J].Journal of Abnormal and Social Psychology, 1963(05):422-436.

[10] ANDERSON J C.An Approach for Confirmatory Measurement and Structural Equation Modeling of Organizational Properties[J]. Management Seience, 1987(33):525-541.

[11] BAKER T L, VÉLEZ, William.Access and Opportunity in Postsecondary Education in the United States: A Review[J].Sociology of Education, 1996(01):82-101.

[12] BAMFIELD, L. Child Poverty and Social Mobility: Taking the Measure of the Coalition's 'New Approach' [J].The Political Quarterly, 2012(04):830.

[13] BIES R J, SHAPIRO D L.International fairness judgments: the influence of causal account[J]. Social Justice Research, 1987(02):199-218.

[14] FISHNER J T. Due Process in the Realm of Higher Education: Considerations for Dealing with Students Rights[J].Online Submission, 2006(32):5.

[15] HARLAND T.Bruce macfarlane:Freedom to Learn:The Threat to Student Academic Freedom and Why it Needs to be Reclaimed[J].Higher Education, 2017(06):1-4.

[16] MAXHAM III J G, Netemeyer R G. Modeling customer perceptions of complaint handling over time: the effects of perceived justice on satisfaction and intent[J].Journal of Retailing, 2002(04):239-252.

[17] PAULSTON R G, LIEBMAN M.An invitation to postmodern social cartography[J].Comparative Education Review, 1994(2):215-232.

[18] SCHNEIDER B, BOWEN D.Understanding consumer delight and outrage[J].Sloan Management Review, 1999(41):35 - 46.

[19] SEIDERS K, BERRY L L. Service Fairness: What It Is and Why It Matters[J].The Academy of Management Executive, 1998(2):8-20.

[20] SMITH A K, WAGNER B J. A model of customer satisfaction with service encounters involving failure and recovery[J]Journal of Marketing Research, 1999(36):356 - 373.

[21] TAX S S, BROWN S W. Recovering and Learning from Service Failure[J].Sloan management review, 1998(1):75-88.

[22] CHILD POVERTY UNIT. Child Poverty Act 2010[R].London: HMSO. 2010:4.

[23] DEPARTMENT FOR WORK AND PENSIONS, DEPARTMENT FOR EDUCATION. Child Poverty in the UK: The Report on the 2010 Target[R]. London: the Stationery Office. 2012: 23.

[24] DEPARTMENT FOR EDUCATION. Children and Families Act 2014[R]. London: HMSO. 2014:20.

[25] DEPARTMENT FOR INNOVATION, UNIVERSITIES AND SKILLS. Education and Skills Act 2008 [R]. London: HMSO. 2008:1-2.

[26] UNESCO.Fourth International Conference on Adult Education: Final Report[R].Paris:UNESCO, 1985:67-68.

附　录

附录1 民办高校学生权益保障理论模型函询表（一）

民办高校学生权益保障理论模型函询表（一）

尊敬的各位专家：

您好！

民办高校学生权益是民办高校学生可获得的权利及相应的现有和将来利益。保障民办高校学生权益，是民办教育法律法规的基本要求，也是高等教育公平的价值诉求。调研发现，民办高校学生履行入学注册、缴纳费用、遵守管理规定等义务后，并未充分获得评奖评优、升学就业、社会优待、医疗保险等权益，并未充分得到利益相关者的实质承认。同时，学界对民办高校学生权益保障的系统研究尚显不足。

在系统阅读高校学生权益相关文献、分析民办教育法律法规的基础上，本研究对利益相关者开展了半结构式访谈和小组研论，初步构建了民办高校学生权益保障的结构维度。希望通过专家函询的方式，逐步确定民办高校学生权益保障的理论模型，为保障民办高校学生权益提供有益借鉴。

您多年来从事高等教育和民办教育研究工作，具有丰富的经验和深厚的知识，特邀请您作为专家小组成员，现请您审阅第一轮问卷，并参照说明填答。

请您在百忙中将填写好的调查表于一周内反馈给我们，再次衷心感谢您的指导与帮忙！

联系人：×××

联系电话：×××××××××××

电子邮箱：××××@163.com

2018年3月14日

第一部分　民办高校学生权益保障理论模型咨询问卷（一）

请您就各部分题项的重要性进行判定，在合适的栏内打“√”；如果您认为该项不需要或不准确，请在“修改意见”栏内注明“删除”或提出修改意见；如果您认为我们还有未考虑到的内容，请在“建议增加”栏内补充，修改或补充的条目请同样判断其重要性，请勿空项或漏项。非常感谢！（条目重要性分值依次为1-5分，5分表示该条目最重要，1分表示最不重要）

序号	条目	重要性					修改意见
		最重要 5	重要 4	一般 3	不重要 2	最不重要 1	
一	奖励资助						
1.	奖助环境						
1.1	国家政策对我们有明确的奖助要求						
1.2	银行助学贷款对我们没有歧视						
1.3	社会团体在资金奖助上对我们没有歧视						
1.4	学生的奖助政策公开、公正						
2.	奖助制度						
2.1	学校的学生奖助制度比较完善						
2.2	学校 / 学院有专门的学生奖助管理机构						
2.3	学校有明确的奖助评选流程						
2.4	学校奖助学金的发放方式比较合理						
3.	奖助力度						

续表

序号	条目	重要性					修改意见
		最重要 5	重要 4	一般 3	不重要 2	最不重要 1	
3.1	学校整体的奖助学金覆盖面较大						
3.2	社会专项奖学金的奖励力度较大						
3.3	学校设置有多样的勤工助学岗位						
3.4	经济困难学生的基本学习条件能够保证						
建议增加							
二	社会优待						
1.	社会福利						
1.1	大学新生能享受路费补贴						
1.2	家庭经济困难新生能享受短期生活费补助						
1.3	学生寒暑假出行享有相应的交通优惠						
1.4	学生参观游览公园、博物馆、名胜古迹时享受优待						
2.	医疗保险						
2.1	学校的医疗保险制度较为合理						
2.2	校医院的医疗服务水平较高						
2.3	学生的日常医疗需求能得到满足						
2.4	学生能及时方便地就医						
2.5	家庭经济困难学生的医疗费用负担不大						
建议增加							

续表

序号	条目	重要性					修改意见
		最重要 5	重要 4	一般 3	不重要 2	最不重要 1	
三	升学就业						
1.	升学深造						
1.1	学校硬件设施能满足学习需要						
1.2	学生完成学校规定学业后能获得相应的学历证书、学位证书						
1.3	学校有明确的专升本/考研规定						
1.4	学校有专门的升学辅导咨询						
1.5	学校表彰、奖励顺利升学的学生						
1.6	学校提供出国指导咨询						
1.7	学生享有公平的升学机会						
2.	就业创业						
2.1	学校鼓励学生参加创新创业活动						
2.2	学校有专项资金用于支持学生就业创业						
2.3	学校有专门的就业指导与服务机构						
2.4	学校有完备的就业和创业指导						
2.5	本专业的就业前景较好						
2.6	用人单位对学生没有歧视						
建议增加							
四	参与管理						

续表

序号	条目	重要性					修改意见
		最重要 5	重要 4	一般 3	不重要 2	最不重要 1	
1.	知情权益						
1.1	学校设有学生参与管理的组织机构						
1.2	学校能够及时披露重要信息						
1.3	学校能客观全面地公布相关信息						
1.4	学生能及时知道学校的决策动态						
1.5	学生能及时了解与自己相关的信息						
2.	参与权益						
2.1	学生可以参与学校政策制定						
2.2	学生可以参与学校发展规划						
2.3	学生可以参加教育教学活动						
2.4	学生可以参加社会实践、志愿服务等活动						
3.	表达和监督权益						
3.1	学校重视学生的反馈意见						
3.2	学校建立有较为具体的申诉制度						
3.3	学生申诉的渠道通畅						
3.4	学生申诉能够及时得到回应						
建议增加							

第二部分 专家情况调查表

在“判断依据及影响程度”一栏中，请先自评各项判断依据对您做出判定的影响程度（非常符合、比较符合、中立、不符合、很不符合），然后在相应栏中打“√”。请务必填写完整，不要遗漏。

<table>
<tr><td colspan="2">姓名：</td><td colspan="2">性别：</td><td colspan="2">年龄：</td></tr>
<tr><td colspan="2">学历：</td><td colspan="2">职称：</td><td colspan="2">职务：</td></tr>
<tr><td colspan="2">联系电话：</td><td colspan="4">E-mail:</td></tr>
<tr><td colspan="6">工作单位及地址：</td></tr>
<tr><td colspan="6">您对以上条目的判断依据及影响程度</td></tr>
<tr><td>判断依据</td><td>非常符合</td><td>比较符合</td><td>中立</td><td>不符合</td><td>很不符合</td></tr>
<tr><td>实践经验</td><td></td><td></td><td></td><td></td><td></td></tr>
<tr><td>理论分析</td><td></td><td></td><td></td><td></td><td></td></tr>
<tr><td>直观感觉</td><td></td><td></td><td></td><td></td><td></td></tr>
<tr><td colspan="6">您对调查内容的熟悉程度</td></tr>
<tr><td>专家自评</td><td colspan="5">非常熟悉（ ） 比较熟悉（ ） 一般（ ）
不太熟悉（ ） 很不熟悉（ ）</td></tr>
</table>

附录 2　民办高校学生权益保障理论模型函询表（二）

民办高校学生权益保障理论模型函询表（二）

尊敬的各位专家：

您好！

通过第一轮意见征询，本研究归纳、吸收了各位专家提出的宝贵意见，进一步优化了民办高校学生权益保障的理论模型。为进一步验证各级维度尤其是各级指标的合理性，再次邀请您对各级维度的重要性进行打分。

请您将填写好的调查表在收到后一周内反馈给我们，再次衷心感谢您的指导与帮忙！

联系人：×××

联系电话：×××××××××××

电子邮箱：××××@163.com

2018 年 4 月 20 日

第一部分 民办高校学生权益保障理论模型咨询问卷（一）

题项	最重要 5	重要 4	一般 3	不重要 2	最不重要 1	修改意见
一、评奖评优						
1. 奖助范围						
1.1 我认为学校整体的奖助学金覆盖面较大						
1.2 我认为学校勤工助学的岗位很多						
1.3 我认为学校的社会专项奖学金类型多样						
1.4 我认为学校的校设专项奖学金类型多样						
2. 奖助力度						
2.1 我认为国家奖、助学金的奖励力度较大						
2.2 我认为社会专项奖学金的奖励力度较大						
2.3 我认为学校出资奖学金的奖励力度较大						
2.4 我认为助学贷款的支持力度较大						
3. 奖助结果						
3.1 我能顺利申请到助学贷款						
3.2 我能如期收到奖助学金						
3.3 我能足额收到奖助学金						
建议增加						
二、优待保障						
1. 社会优待						
1.1 我能享受到寒暑假往返的火车票优惠						
1.2 我能享受到日常交通（如公交车 / 地铁）优惠						
1.3 我能享受到旅游景点的门票优惠						

续表

题项	最重要 5	重要 4	一般 3	不重要 2	最不重要 1	修改意见
2. 医疗保险						
2.1 我能享受到医疗保险规定的各种优惠						
2.2 我能按规定比例报销医疗费用						
2.3 特困生能享受到学校的医疗补助						
建议增加						
三、学业就业						
1. 学业发展						
1.1 只要满足条件，我能申请转到校内其他专业						
1.2 我能按有关规定申请退学						
1.3 我能选上自己感兴趣的选修课						
1.4 我能听取自己感兴趣的校内课程						
1.5 我能参加学校组织的专业实习活动						
1.6 我认为学校的学业考核制度是合理的						
2. 升学深造						
2.1 我有升学（专升本、考研、出国等）的机会						
2.2 我的升学需求能得到学校的支持						
2.3 我的升学规划能得到老师的指导						
2.4 学校的学习资源对我的升学很有帮助						
3. 就业创业						
3.1 我的创业能得到学校的资源支持						

续表

题项	最重要 5	重要 4	一般 3	不重要 2	最不重要 1	修改意见
3.2 我能得获得专门的创业就业指导						
3.3 我能享受到学校的创业就业服务						
3.4 我能参加学校的创新创业实践项目						
3.5 我们的创业风险能受到学校的重视						
3.6 我们对创新创业活动的意见能被采纳						
建议增加						
四、参与管理						
1. 知情权益						
1.1 我能通过网络等方式了解学校的重大事件						
1.2 我能全面了解学校重要事件的处理过程						
1.3 我能及时知道与自己相关的信息						
2. 参与权益						
2.1 我有机会参加学生会、社团等学生组织						
2.2 我有机会参与学校文体活动的组织与策划						
2.3 我有机会参与课程评价						
2.4 我有机会参与学生管理办法的意见征集						
2.5 我有机会参加学校核心部门的意见征集活动						
3. 表达和监督权益						
3.1 我能通过学生会等组织表达自己的意见						
3.2 我通过网络媒体提出对学校管理的意见						

续表

题项	最重要 5	重要 4	一般 3	不重要 2	最不重要 1	修改意见
3.3 我能通过校长信箱、书记信箱等途径提出建议						
3.4 我反映的问题能得到及时反馈						
3.5 我提出的合理建议能被学校采纳						
3.6 我提出的合理申诉能得到解决						
建议增加						

第二部分　专家情况调查表

在“判断依据及影响程度”一栏中，请先自评各项判断依据对您做出判定的影响程度（非常符合、比较符合、中立、不符合、很不符合），然后在相应栏中打“√”。请务必填写完整，不要遗漏。

您对以上条目的判断依据及影响程度					
判断依据	非常符合	比较符合	中立	不符合	很不符合
实践经验					
理论分析					
直观感觉					
您对调查内容的熟悉程度					
专家自评	非常熟悉（　　）　比较熟悉（　　）　一般（　　） 不太熟悉（　　）　很不熟悉（　　）				

附录 3　民办高校学生权益保障状况调查问卷

民办高校学生权益保障状况调查问卷

亲爱的同学：

您好！非常感谢您参与此次问卷调查。

您提供的信息对保障民办高校学生权益很有帮助。问卷选项没有对错好坏之分，只要根据您自己的实际情况和真实想法来回答就是最好的，我们对您的回答完全保密。再次感谢您的大力支持！

2018 年 6 月

一、背景信息（请选择符合您实际情况的选项）

1. 学校位置：________ 省（自治区、直辖市）________ 学校

2. 性别：□男　　□女

3. 是否独生子女：□是　　□否

4. 家庭所在地：□城市　　□乡镇　　□农村

5. 父母最高学历：□初中及以下　　□高中　　□专科或本科　　□研究生

6. 学校办学层次（以最高层次为准）：□专科　　□本科

7. 个人就读专业层次：□专科　　□本科

8. 所在年级：□大一　　□大二　　□大三　　□大四　　□其他

9. 专业所属学科：□人文类（管理学、经济学、文学等）　　□理工类

（工程、化学、物理等）　□农医类　□艺术类　□其他

10. 您目前所就读的专业是：□第一志愿　□非第一志愿　□调剂　□其他

11. 您是否担任过学生干部：□是　□否

12. 您是否有创业经历：□是　□否

13. 助学贷款情况：□无　□国家助学贷款　□生源地贷款　□其他

14. 有无兼职：□有　□无

二、请根据您自身情况的判断，在最合适的选项上打“√”。

	题项	极不符合	不符合	中立	符合	非常符合
1.	您和同学都有奖学金	①	②	③	④	⑤
2.	学校的勤工助学岗位多	①	②	③	④	⑤
3.	学校的专项奖学金类型多	①	②	③	④	⑤
4.	您认为奖助学金的覆盖面广	①	②	③	④	⑤
5.	您认为助学贷款的数额足够	①	②	③	④	⑤
6.	您认为评奖评优的机会多	①	②	③	④	⑤
7.	如果需要，您能顺利申请到助学贷款	①	②	③	④	⑤
8.	获奖的学生能如期收到奖助学金	①	②	③	④	⑤
9.	获奖的学生能足额收到奖助学金	①	②	③	④	⑤
10.	您能享受到寒暑假火车票等优惠	①	②	③	④	⑤
11.	您能享受到日常交通（如公交车／地铁）等优惠	①	②	③	④	⑤
12.	您能享受到旅游景点门票等社会优待	①	②	③	④	⑤

续表

	题项	极不符合	不符合	中立	符合	非常符合
13.	您能享受到医疗保险规定的各种优惠	①	②	③	④	⑤
14.	您能报销一定比例的医疗费用	①	②	③	④	⑤
15.	特困生能享受到学校的医疗补助	①	②	③	④	⑤
16.	您能找到适合自己的学习场所	①	②	③	④	⑤
17.	您能自主安排空闲时间用于学习	①	②	③	④	⑤
18.	学校提供满足您学习需求的课程	①	②	③	④	⑤
19.	学校提供满足您发展需要的实践活动	①	②	③	④	⑤
20.	学校提供专升本、考研、出国等信息与服务	①	②	③	④	⑤
21.	您的升学深造能得到学校和老师的指导	①	②	③	④	⑤
22.	学校的学习氛围对您的升学很有帮助	①	②	③	④	⑤
23.	学校开展专门的就业创业教育	①	②	③	④	⑤
24.	学校为学生的就业创业提供人员支持	①	②	③	④	⑤
25.	学校为学生的就业创业提供资金支持	①	②	③	④	⑤
26.	学校为学生的就业创业提供平台支持	①	②	③	④	⑤
27.	学校支持学生的创业成果转化	①	②	③	④	⑤
28.	您能在短时间内知道学校发生的重大事件	①	②	③	④	⑤
29.	您能全面了解学校重大事件的处理过程	①	②	③	④	⑤
30.	您能便捷地获取学校的重要信息	①	②	③	④	⑤
31.	您和同学都能参与学校决策中与学生利益相关的事务	①	②	③	④	⑤

续表

	题项	极不符合	不符合	中立	符合	非常符合
32.	学校做出与学生利益相关决策前能征求您的意见	①	②	③	④	⑤
33.	学校会请学生代表列席讨论与学生利益相关的决策	①	②	③	④	⑤
34.	您能通过学生代表大会、学生社团等组织表达对学校的意见	①	②	③	④	⑤
35.	您能通过多种途径与学校管理者沟通	①	②	③	④	⑤
36.	您的建议能得到及时反馈	①	②	③	④	⑤
37.	您提出的申诉能得到有效解决	①	②	③	④	⑤

再次感谢您的大力支持!

后 记

本书是在导师周海涛教授的悉心指导和点拨下完成的，从论文选题、研究框架确定、调研样本的选择，到数据呈现方式、语言表达，周老师都给予了我事无巨细的指导。周老师不仅提醒我“要借助开题让自己进入一个新阶段”，也用一言一行告诉我什么是学术志趣与拼搏精神。在写作过程中，周老师总是第一时间帮我解疑答惑，帮我顺利完成论文写作。对周老师的感谢，难以言尽。感谢教育学部、高等教育研究所的各位老师，他们的学识大大拓展了我的研究视域，他们知无不言的关怀让我收获良多。感谢同门兄弟姐妹，他们带我增长研究视野、教我如何有效完成学业、助我解除学术疑惑，他们是激励我完成论文写作的坚强动力，和同门一起研讨过的话题、看过的书籍、承担的项目、调研过的学校，是我人生宝贵的财富。遇见他们，何其有幸。感谢博士班的同窗好友们，与不同专业领域同学的交流探讨，让我看到了很多种教育研究的可能和样态，也学习到了很多研究方法，给我的论文写作带来不少启发。

感谢各民办高校的管理者、学生和教师，最大限度支持我的调研和访谈。感谢浙江越秀外国语学院、浙江树人大学、青岛黄海学院、山东英才学院、无锡太湖学院、南京钟山职业技术学院、石家庄财经职业学院、黑龙江外国语学院、银川能源学院、宁波财经学院、信阳学院等高校的管理者、研究者、辅导员、学生，他们在调查问卷试测、正式问卷发放、座谈安排等多个环节给予我大力支持。各位校长不仅耐心为我解疑答惑，而且主动帮我联系学工处、招生就业处等部门老师，让我更加全面深入地了解了民办高校学生权益保障的现状。感谢各位被访的民办高校学生，与他们接触得越多，越能了解他们的诉求，越想为他们的权益实现做一点贡献。

感谢我的家人，他们是我不断前行的动力。感谢父母比海深的养育之恩和宽严相济的殷切教导，他们为我撑起一片天空，让我无忧无虑地追逐梦想。本书撰写和修改过程中，参考不少学者的论著，在此一并感谢。

谨对湖北教育出版社各位老师的大力支持表示深深谢意，尤其感谢刘宁编辑的细致认真编辑，让我受益颇多。

本书受到中国教育科学研究院基本科研业务费专项资金青年专项（GYD2020001）的资助，是该项目的阶段性成果，在此特致谢意。

民办高校学生权益保障问题比较复杂，受到国家政策、治理体制、社会观念等因素的综合影响，关于民办高校学生权益保障的现状，读者们也可能有不同的感受和看法，真诚期待与各位读者交流探讨。本书难免有疏漏、不足之处，恳请读者批评指正。

2022 年 2 月 22 日

于中国教育科学研究院

表目录

表 1　承认模式与蔑视模式内容对比表 …………………………………… 28

表 2　服务公平各要素内涵分析表 ………………………………………… 32

表 3　专家基本信息表 ……………………………………………………… 38

表 4　试测样本基本信息表 ………………………………………………… 43

表 5　总量表及分量表信度检验结果表 …………………………………… 44

表 6　民办高校学生权益保障调查问卷的维度结构 ……………………… 45

表 7　样本所在地区信息表 ………………………………………………… 46

表 8　样本基本信息表 ……………………………………………………… 46

表 9　学生权益保障各维度均值表 ………………………………………… 50

表 10　奖励资助权益保障各维度均值表 ………………………………… 50

表 11　福利优待权益保障各维度均值表 ………………………………… 51

表 12　学业就业权益保障各维度均值表 ………………………………… 52

表 13　参与管理权益保障各维度均值表 ………………………………… 53

表 14　独立样本 T 检验结果表 …………………………………………… 54

表 15　不同年级学生权益保障的多重检验结果表 ……………………… 55

表 16　不同专业获得方式学生权益保障的多重检验结果表 …………… 56

表 17　不同助学贷款情况学生权益保障的多重检验结果表 …………… 57

表 18　不同父母最高学历学生权益保障的多重检验结果表 …………… 58

表 19　不同家庭所在地学生权益保障的多重检验结果表 ……………… 59

表 20　奖助范围权益保障各指标均值表（N＝16 305） ························ 66
表 21　奖助力度权益保障各指标均值表（N＝16 305） ························ 69
表 22　奖助结果权益保障各指标均值表（N＝16 305） ························ 72
表 23　社会优待权益保障各指标均值表（N＝16 305） ························ 88
表 24　医疗服务权益保障各指标均值表（N＝16 305） ························ 90
表 25　学业发展和升学深造权益保障各指标均值表（N＝16 305） ········ 105
表 26　就业创业权益保障各指标均值表（N＝16 305） ························ 108
表 27　知情权益保障各指标均值表（N＝16 035） ···························· 129
表 28　参与权益保障各指标均值表（N＝16 305） ···························· 131
表 29　监督权益保障各指标均值表（N＝16 305） ···························· 134

图目录

图 1　技术路线图 ………………………………………………………………………… 23
图 2　德尔斐法实施流程图 ……………………………………………………………… 37